池上 彰の
日本
現代史
集中講義

池上 彰

祥伝社

池上 彰の日本現代史 集中講義

はじめに

安倍晋三元総理の暗殺に続いて明らかになった旧統一教会と自民党の関係。宗教と政治ということでいえば、そもそも自民党と連立を組んでいる公明党と創価学会は、どんな関係になっているのか……。

日々のニュースに登場するさまざまな出来事は、どういう経緯があって、いまに至っているのか。若い人にはなかなか理解が困難ですね。というのも、学校での歴史では、こうした現代史に関しては、ほとんど触れられていないからです。

たとえば日本史では、縄文時代や弥生時代に関しては、時間をかけて丁寧な授業が行なわれます。平安時代や室町時代も時間をかけるでしょうね。でも、鎌倉時代に次々に生まれた鎌倉新仏教に関しては、名称と宗祖の名前を覚える程度に留まってしまいます。この頃に生まれた宗教が、いまも時代を動かしているのですが、日本の学校教育では、どうしても宗教に関しては及び腰になります。

大事なことは、過去の歴史の事象が、いまにどのようにつながってくるのかということを理解することです。ところが宗教以外にもう一つ、日本では、とりわけ第二次世界大戦後の現代史に関しての授業がなおざりにされています。というのも、現代史は歴史的評価が定まっていないことが多いからです。

歴史の教科書は、歴史学者によって評価の定まったものだけを掲載します。すると、戦後の日米関係をどう考えるか、自衛隊と戦力放棄を定めた憲法との整合性など、政治的に微妙な問題に関しては事実関係の描写に留まってしまいます。また、先生たちだって触れたくないのです。

その結果、「あとは教科書を読んでおきなさい」で終わりがちです。生徒たちは生徒たちで、「どうせ、こういう微妙な問題は試験問題にならないから」と察して、勉強しません。

ところが一方で、世界の学校では、自国の主張も含めて、しっかりとした(その国流の）歴史を叩き込みます。このため海外で出会った人と歴史論争になると、事実関係を知らないために一方的に論破されてしまうことが起きるのです。

こうしたことから、高校では「歴史総合」という科目が新設されました。これは近現代に焦点を絞り、日本と世界の歴史を総合的に見ていこうという試みです。

高校段階で、ようやくこうした取り組みが始まりましたが、これまで現代史の基本的知識に欠けた学生が入学してくると、大学教育は、なかなか順調に進みません。そのため、大学の新入生を主に対象に、現代史を教えることになりました。

毎年夏、長野県松本市にある信州大学経法学部で戦後の日本現代史と世界の現代史を交互に集中講義することになったのです。夏休みを利用した集中講義です。九十分の講義を毎日三コマ、五日間連続して一五コマを実施した上で筆記試験。合格したら二単位となるという講座です。

松本とはいえ、八月の暑い盛りです。夏休みを返上して登校する学生諸君の真面目なこと。学生諸君の熱意にほだされて、私も毎年松本に足を運んでいます。

そんな集中講義のうち、日本現代史の内容を再編成したものが本書です。

せめて昭和の時代に何があったのか、復習を兼ねて読んでいただけると幸いです。

二〇二三年八月

ジャーナリスト　信州大学経法学部特任教授　池上　彰

目次

安倍から菅、岸田へ……それでも強い自民党

日本型民主主義の誕生と発展

自民党と社会党の対立

第二章　日本を取り巻く外交問題と安全保障

第三章　日本経済の光と影

第四章　日本が抱える社会課題

メディアは権力を監視しているか？

原子力、エネルギー問題

本書は、信州大学経法学部２０２２年度夏季集中講義の授業をもとに、新たに加筆・修正・編集したものです。

第一章

日本型
民主主義の危機

安倍一強と日本型民主主義の危機

「国葬」が国を二分する議論に

二〇二二年七月八日午前、奈良市の駅前で街頭演説をしていた安倍晋三元総理大臣が凶弾に倒れました。歴代首相経験者のうち、襲撃されて命を落としたのは七人。前回は齋藤實《まこと》が青年将校に射殺された「二・二六」事件（一九三六年）であり、戦後では安倍氏が初めてのことです。

参議院選挙の投票日を二日後に控えた応援演説中だったこともあり、事件直後は政治的なテロと結びつける報道が多く見られました。しかし、同日午後には「政治信条への恨みではない」と政治テロを否定する容疑者の供述を警察が発表しました。

奈良県警は事件当日の夜、記者会見を開き、「特定の団体に恨みがあり、安倍元首相がこれとつながりがあると思い込んで犯行に及んだ」という容疑者の供述を公式に発表しました。事件翌日には一部のネットメディアが「特定の団体」を旧統一教会（世界平和統一家庭連合）であると伝えました。参院選の翌日には、テレビ各局が旧統一教会を実名で伝えました。

逮捕された山上徹也《やまがみてつや》容疑者は「母親が入信し、教会への献金で生活が苦しくなり、恨んでいた」「教団のトップを狙おうとしたが難しく、つながりのある安倍元首相を殺そうと思った」という趣旨の供述をしました。

教団が事件三日後に早くも記者会見を開いたことも刺激となり、報道の中心は旧統一教会に移っていきます。その結果、自民党を中心とする政治家と旧統一教会との癒着が次々に明らかになり、比較的支持率の高かった岸田政権は一気に逆風にさらされることとなりました。

岸田首相は安倍氏の銃撃事件からわずか六日後の七月十四日には、「国葬」を行なうと表明。同月二十二日には、九月二十七日に実施と閣議決定しました。これが国を二分する論議を巻き起こしました。

実は国葬についての法律はありません。英国でもアメリカでも同様です。同年九月十九日に執り行なわれたエリザベス英女王の国葬も、法律ではなく慣習にもとづくものでした。

戦後の日本で首相経験者の国葬が行なわれたのは、吉田茂元総理のみです。吉田氏はサンフランシスコ講和条約や旧日米安保条約を締結しました。佐藤栄作などの政治家を養成し、「吉田学校」と呼ばれました。亡くなった時点では引退していたため、歴史的な評価が定まっていました。国葬にふさわしい実績と言えますが、このときも国葬の是非をめぐって議論がありました。

佐藤栄作元総理が亡くなったときは国葬ではなく、「国民葬」という形になりました。沖縄返還を実現し、非核三原則を提唱してノーベル平和賞を受賞した実績があっても国葬ではなかったのです。

安倍氏は史上もっとも長期にわたる政権を担ったとはいえ、現役の政治家であり、自民党の最大派閥を率いる存在でした。歴史的な評価が定まるのはこれからでしょう。安倍氏自身を含む自民党国会議員と旧統一教会の関係が連日報じられる最中だったこともあり、国葬に反発する声も上がりました。

安倍元総理の国葬が国を二分する議論になった理由は、安倍氏が国民の賛否の分かれる政策を次々と実現し、支持する人・しない人がはっきり分かれていたこともあるでしょう。特定秘密保護法、安全保障関連法、共謀罪法などを根強い世論の反対を押し切って成立させ、一途に憲法改正を目指す安倍氏の姿勢には、支持者たちが喝采を送った一方、批判する人たちは反発を強めました。

「安倍一強」がもたらした分断社会

敵と味方の分断は安倍氏の政治手法でした。

印象的だったのは二〇一七年七月一日、東京都議会議員選挙を翌日に控えた秋葉原駅前での街頭演説です。「安倍やめろ」と声を上げた聴衆を指差し、こう言ったのです。「こんな人たちに負けるわけにはいかない」。

演説を邪魔されて我慢できなくなった気持ちはわかりますが、一国の現役の首相にふさわしい言葉とはとても思えません。自民党に投票しない「こんな人たち」も有権者です。いざというときには国が守らなければならない国民なのです。

日本よりも社会の分断が深刻なアメリカではトランプ政権が生まれ、敵・味方を明確に分ける政治手法でさらに分断が加速しました。

二〇二一年、ワシントンでの就任式の演説の中でバイデン大統領は「アメリカの大統領として、私に投票しなかった人のためにも、投票してくれた人のためにも、力を尽くします」と述べました。美辞麗句と言われるかもしれませんが、政治家が一度口にした言葉は、なかったことにはできません。

国民を敵に回した「こんな人たち」発言翌日の都議選で、自民党は惨敗を喫《きっ》しました。

安倍氏が批判に対して敵意をあらわにする姿勢は、国会でヤジを飛ばした数の多さにも表れています。朝日新聞の調査によると、首相在任中の不規則発言は、議事録に残っている衆議院だけでも一五四回に上りました。民主党議員の質問中、「日教組！」「日教組どうすんだ！」と唐突なヤジを飛ばして、自民党の委員長からたしなめられたこともありました。「日教組＝左翼」という昔ながらの世界観が垣間見られた言葉でした。

意にそぐわない報道をしたマスコミもまた敵視の対象となりました。選挙特番で、他局の政治部の記者が立場上しにくい質問をぶつけた私も煙たい存在になったのでしょう。

あるテレビ番組で安倍氏にインタビューを依頼した際、「忙しい」と断られたことがあったのですが、同じ時間に別の局のバラエティー番組には出演していました。ちなみにその時、石破《いしば》茂氏は応じてくれました。厳しい質問をされることがわかっていても逃げない人だとわかりました。

敵と味方を分け、批判に対して闘志を燃やす。これは安倍元総理の一貫した姿勢でした。

「初当選して以来、わたしは、つねに『闘う政治家』でありたいと願っている」

首相になる直前の二〇〇六年七月に刊行された著書『美しい国へ』（文藝春秋）の冒頭にそう記されています。「闘う政治家」とは「ここ一番、国家のため、国民のためとあれば、批判を恐れず行動する政治家」（同書）のことです。

この『美しい国へ』には安倍氏が何を目指して闘うつもりなのか、その政治思想が明らかにされています。戦後最年少の五十二歳で内閣総理大臣に就任し、歴代最長となった三一八八日におよぶ在任期間の中で、安倍氏が目指したものは「戦後レジームからの脱却」というスローガンに集約されます。

「レジーム」というのはもともとフランス語で「体制」を意味します。「アンシャン・レジーム」（旧体制）と言えば、フランス革命以前の絶対王政の社会・政治体制のことです。

日本のことが好きだという安倍氏がなぜ「戦後体制」などの言葉ではなく、「戦後レジーム」という、一般になじみのないカタカナ言葉を使ったのかは不思議ですが、わざと直接的な表現を避けた可能性はあります。

戦後レジームからの脱却とはこんな歴史観です。

日本は敗戦後、アメリカが主導するＧＨＱ（連合国軍総司令部）により占領されました。二度と軍国主義に走らないように、軍隊を解散させられ、戦争を放棄する憲法を押し付けられました。東京裁判では「平和に対する罪」として東条英機など二八名がA級戦犯と断罪されました。こうしたアメリカが作ってきた日本の姿から脱却し、自らの手で真の独立国としての姿を取り戻したい。そのためには自主憲法を制定し、自衛隊を国防軍にしなければ。

しかし、こうした考え方をストレートに「戦後体制からの脱却」とうたってしまうと、日本が降伏を受け入れたポツダム宣言やサンフランシスコ講和条約を否定することにつながりかねません。日本独自の路線を突き詰めれば「脱アメリカ」に行き着きます。アメリカから見れば「アメリカが作ってきた体制を否定するのか？」、他国からも「軍国主義の時代に戻ろうとしているのか?」と警戒されるでしょう。

そこでわざと抽象的な表現をすることで外交上のトラブルを避けようと意図したと考えられます。

スローガンは漠然としていましたが、在任中の安倍総理は着々と「戦後レジームからの脱却」を推し進めました。経済再生(アベノミクス)で国民の支持を得て選挙に勝ち、憲法を改正し、自衛隊を国防軍にするというのが大きな流れでした。

「美しい国、日本」……安倍政権が目指したもの

二〇〇六年、第一次安倍内閣がまず取り組んだのが教育基本法の改正です。教育の目標に「国を愛する心」を盛り込みました。

さらに、それまで「教科外の活動」だった道徳を「教科」へと格上げし、文部科学省の検定に合格した教科書を使うことになりました。戦前、教育勅語にもとづいて行なわれていた「修身」が軍国主義教育につながったという反省から、戦後は教科として教えられてはいなかったのです。

二〇〇七年五月には、憲法改正のための手続きを定めた「国民投票法」を成立させました。憲法九六条で定められた憲法改正の手続きでは、国会が発議した憲法改正案を国民投票にかけることになっています。そのための具体的な手続きを定めた法律がなかったため、憲法改正のために成立させる必要があったのです。

その直後、参院選に敗北した上、閣僚の不祥事が相次ぎました。そして、二〇〇七年九月、国会で所信表明演説を行なった二日後、突然首相の辞任を表明してしま

います。持病の潰瘍性大腸炎が主な理由だと後に明らかになりましたが、九月十二日、辞任を発表した記者会見では「テロ対策特別措置法の再延長について議論するため、民主党の小沢一郎代表との党首会談を打診したが断られた」「私が総理であることが障害になっている」と話していました。翌十三日、緊急入院。二十四日、病院から記者会見を行ない、健康問題が辞任の理由であることを認めました。

一年という短命に終わった第一次安倍政権でしたが、二〇一二年十二月、再び総理の座に返り咲きます。

二〇一三年には、国民の安全に関わる情報を「特定秘密」に指定する「特定秘密保護法」を制定しました。安全保障上の秘密が漏れるのを防ぐ法律は必要なのでしょうが、何を秘密にするのかの範囲が広すぎる上、チェック機関がなく、秘密の指定期限も六〇年まで延ばせます。「国境なき記者団」による「世界報道の自由度ランキング」で大きく順位を下げる原因のひとつになりました。

二〇一五年には「平和安全法制整備法」（安全保障関連法）を制定。「集団的自衛権」の行使を可能にし、自衛隊の海外派遣の機会を広げました。

自衛権には「個別的自衛権」「集団的自衛権」の二種類があります。個別的自衛権とは「自国が攻撃されたら反撃できる権利」、集団的自衛権は「同盟国が攻撃されたら共同で反撃できる権利」です。集団的自衛権については「権利はあるけれども、現憲法下では行使できない」と歴代内閣は解釈してきました。しかし、安倍政権は解釈を変えて閣議決定しました。

このとき成立した関連法により、自衛隊の「駆けつけ警護」も可能になりました。現地で活動しているNGO（非政府組織）や他国のPKO（国連平和維持活動）部隊が襲撃された際、自衛隊が助けに行くことができるようになったのです。

「駆けつけ警護」はアメリカのリチャード・アーミテージ元国防副長官とジョセフ・ナイ元国防次官補による『アーミテージ・ナイ報告書』（二〇一二年八月）の中ですでに提言されていました。安倍政権はこの提言を受け入れたのでしょう。

二〇一七年五月、安倍首相は「二〇二〇年を新しい憲法が施行される年にしたい」と表明しました。東京五輪が開催される年に念願の憲法改正を成し遂げたいと決意を新たにしたのです。

アベノミクスとは何だったのか？

憲法改正に必要な条件は第九六条で「衆参両院の総議員の三分の二以上の賛成で国会が発議して国民に提案し、国民投票で過半数の賛成を得なければならない」と定められています。憲法を改正し、軍隊を持つためには、とにかく選挙に勝たなければなりません。そのために必要なのは、景気を良くすることとです。

賛否両論のある安倍元総理の実績のうち、「アベノミクス」と呼ばれる経済政策は比較的高く評価されています。少なくとも途中まではうまくいっていたと言えます。

日本経済は長年にわたるデフレで停滞していました。デフレとは物価が下がり続けることです。

物価が下がるのは良いことに思われがちですが、物価が下がると企業の利益が減少するため、企業は従業員に支払う給与を上げることができません。収入が上がらなければ消費も増えません。モノが売れないため、企業はさらに価格を下げることになります。こうした悪循環で日本経済は停滞していたのです。

二〇一三年に始まったアベノミクスは「大胆な金融政策」「機動的な財政政策」「民間の投資を引き出す成長戦略」という「三本の矢」による経済政策により、デフレからの脱却と、持続的な経済成長を目指しました。黒田東彦《はるひこ》日銀総裁は人為的にインフレの状態を作り出し、二年間で二％の物価上昇を目指しました。

第一の矢「大胆な金融政策」は、いわば「ミニバブルを起こす」ということです。黒田総裁の主導のもと、市場が期待する以上の「異次元の金融緩和」を行ないました。金融緩和とは金融機関の所有する国債を大量に買い上げ、銀行がふんだんに現金を持つ状態をつくることです。お金を貸したい銀行が増えることで結果的に金利が下がるというわけです。

一方、市場に出回る日本円の量が増えるため、ドルに対する円の価値が下がります。つまり「円安」になります。

円安になると輸出産業が元気になり、輸出型企業の株価が上昇します。

日本には輸出型の企業が多いため、円安になると株価全体が上昇する傾向があります。株価が上がらない企業もありますし、株など持っていないという人が多いのは事実ですが、全体的に株価が上がれば、世の中のムードが上向き、「景気がいい」と感じられるようになります。

この金融緩和には一定の効果はあったものの、二年間で二％の物価上昇という目標は達成できませんでした。第一の矢は的に届かなかったと言えるでしょう。

第二の矢「機動的な財政政策」は、いわば「バラマキ」です。民主党政権時代に凍結されていた公共事業を復活させ、地方の景気を活性化させました。確かに公共事業は増え、建設業界は潤いましたが、人手も資材も不足するようになり、東北地方の復興事業などに影響が出ています。

第三の矢「民間の投資を引き出す成長戦略」は、第一の矢・第二の矢によって浮上させた景気を中長期的な成長につなげていく政策です。

第一の矢・第二の矢は、景気の悪かった日本経済を上向きにするショック療法として効果を発揮しました。しかし、ショック療法をずっと続けるわけにはいきません。この肝心の成長戦略を実現させる道筋が具体的に示されることはありませんでした。

第一の矢は、いいところまでいきましたが的に届かず。第二の矢は的からそれました。第三の矢は、放たれてすぐ落ちてしまいました。アベノミクスの「三本の矢」はこう総括できます。

安倍政権は「三本の矢」の結果を検証しないまま、「新・三本の矢」を打ち出しました。二〇一六年の参院選の自民党の公約にも掲げられました。

新・三本の矢は「希望を生み出す強い経済」「夢をつむぐ子育て支援」「安心につながる社会保障」です。

第一の矢「希望を生み出す強い経済」の目標は「GDP六〇〇兆円」でした。二〇一六年の名目GDPは五四四兆円、二〇一七年は五五三兆円、二〇一八年は五五六兆円。その後も伸び悩び、五五〇兆円前後をウロウロしています。安倍政権は数字が高くなるようにGDPの算出方法を変えるという手も使いましたが、六〇〇兆円は達成できませんでした。

新・第二の矢「夢をつむぐ子育て支援」の目標は「希望出生率一・八」。ひとりの女性が生涯に産む子どもの数を一・八人にしたいというものです。実際の合計特殊出生率は一・二六人に低下しています。

新・第三の矢「安心につながる社会保障」の目標は「介護離職ゼロ」でした。親の介護のために仕事を辞める人をゼロにするというものです。介護での離職についての正確な統計は出ていませんが、ゼロになったという発表は見たことがありません。

新・三本の矢はどれも達成できなかったのです。

旧・三本の矢はデフレ脱却という的に向けて射られた矢でしたが、新・三本の矢は「矢」ではなく、「的」でした。色々な矢を射たけれど、どれも当たらなかったというのが新・三本の矢の総括です。日本が抱える根本的な問題を前に、どんな矢を射たらよいのか、安倍首相も悩んでいたことでしょう。

アベノミクスは株高の状態をつくりだし、景気がよくなったように感じた人も多かったのは確かです。しかし、アベノミクスのもたらした副作用もまた明らかになってきました。

日本銀行が国債を買い続けることで、日本の発行する長期国債の約七割を保有する状態になってしまいました。これによって国債の短期金利は低く抑えられましたが、長期金利の上昇という結果を招きました（詳しい仕組みは第三章で解説します）。

長期金利が上昇すると、住宅ローンの金利が上がり、多くの人が影響を受けます。また、事業を始めようとする人もお金を借りにくくなり、成長戦略にも逆風となってしまいます。

円安の副作用も目立ちます。輸出産業には有利ですが、輸入産業は大きな打撃を受けました。

たとえば原発を稼働させられない電力会社です。天然ガス・石炭・石油の調達コストが上がるため、電気料金の値上げにつながりました。ガソリン価格も上昇。運送業者のコストも上がったことで、あらゆるものの価格が値上がりしました。

株高にも負の側面があります。日本銀行は国債だけでなく、国内上場企業の株を買う投資信託（ＥＴＦ）も大量に買いました。つまり、日本銀行が間接的に上場企業の株主になっているということです。

その結果、日本銀行が保有する株は五〇兆円にも達しました。東証プライム上場企業の時価総額の約七％を日本銀行が保有しています。中には日銀が事実上の筆頭株主になっている大手企業もあります。これは決して健全な状態とはいえません。

第二の矢によって公共事業などが増え、雇用は拡大し、失業率は下がりました。一方で非正規労働者が増え、働く人の約四割が非正規労働者という状態になりました。経済的な不安から結婚・出産に踏み切れない人が増え、少子化に拍車をかける結果となっています。

アベノミクスはなんとなく景気がよくなったようなイメージをつくり出すことには成功しましたが、実質的な経済は伸びず、実質賃金は低下し、ＧＤＰの成長率も低いままでした。

株高で資産を増やした人がいる一方で、所得の低い層は物価高に苦しんでいます。七年八カ月にわたって「敵と味方」を分ける政治を続けてきた安倍政権はまた、格差拡大という結果をもたらしました。

まずは景気を良くして、国民の支持を得て憲法改正。そう狙っていた安倍首相ですが、「安倍一強」と呼ばれた政権が長期にわたったことによる弊害も目立つようになりました。

森友、加計、桜……「安倍一強」が生んだ忖度政治

二〇一五年に安全保障関連法（平和安全法制整備法）を制定し、二〇二〇年の憲法改正に向けて突き進もうとしていた安倍政権を揺るがしたのが、「森友学園問題」「加計学園問題」「桜を見る会問題」です。セットで「モリ・カケ・サクラ」と呼ばれました。

森友学園問題には大きく二つの問題がありました。

ひとつは「国有地を八五％も値引きして売った問題」です。二〇一六年六月、財務省近畿財務局は小学校の開校を目指す森友学園に、国有地を売却しました。もともと九億五六〇〇万円でしたが、売却価格は一億三四〇〇万円。値引きは八億二二〇〇万円。実に八五％オフです。その理由は「ゴミが埋まっていたため、撤去費用を考慮して値引いた」とされました。

しかし、ゴミの存在が確認できなかった上、安倍首相の妻・昭恵氏が小学校の名誉校長だったことから政治問題化。安倍夫妻に財務省の官僚が忖度《そんたく》したのではない

かと国会で追及されました。

もうひとつの問題は「文書改ざん問題」です。

国会で疑惑を追及された安倍氏はこう答弁しました。

「私や妻が関係していたということになれば、まさにこれはもう私は、それはもう間違いなく総理大臣も国会議員もやめるということははっきりと申し上げておきたい」（二〇一七年二月十七日衆議院予算委員会）

その後、二〇一八年三月、土地取引に関する国の決裁文書が財務省によって書き換えられていたことが朝日新聞の報道で発覚。安倍夫妻の名前を削除するなど、一四の文書で約三〇〇カ所の改ざんが行なわれていました。

この事件をめぐっては、二〇一八年三月、財務省近畿財務局の職員が自殺してしまいます。『週刊文春』で公開された遺書には、公文書改ざんは「すべて佐川（宣《のぶ》寿《ひさ》）局長の指示」と記されていました。佐川氏は当時の理財局長です。国会で「国有地売却交渉の記録は破棄した。残っていない」と何度も答弁しました。

のちに国税庁長官に昇進したのは、安倍首相を守った論功行賞《ろんこうこうしょう》といわれています。

続いて表面化したのは加計学園問題です。こちらは「安倍首相が親しいお友だちに便宜を図った疑惑」です。

二〇一七年、それまで五十二年間にわたって認められなかった獣医学部の新設が、学校法人加計学園に認められました。学園理事長の加計孝太郎氏は、安倍首相自ら「腹心の友」と呼ぶ友人でした。

加計学園の獣医学部認可に使われたのは「国家戦略特区」という枠組みです。土地が無償で提供された上、補助金も支出されました。安倍氏が議長を務める「国家戦略特区諮問《しもん》会議」が強い権限を持つ首相案件だったことから、「お友だち」をひいきしたと疑われたのです。

この疑惑をめぐっては「官邸の最高レベルが言っている」「総理のご意向だと聞いている」などと書かれた文部科学省の内部文書が流出しました。菅義偉《すがよしひで》官房長官は「怪文書みたいなもの」と言い放ちましたが、文部科学省はあらためて調査を行ない、見つかった文書を公表しました。

森友学園問題・加計学園問題は、安倍首相が国の資産や国民の税金を私物化し、「お友だち」を特別扱いしているという印象を強く与えました。そして、官僚が安倍首相の意向に忖度することが問題視され、「忖度」が二〇一七年の新語・流行語大賞に選ばれました。

さらに、二〇一九年には「桜を見る会」が政治問題化しました。

桜を見る会とは歴代の総理大臣が開催してきた行事です。各界から一万数千人を招待し、新宿御苑で功績をねぎらうというものです。国の公的行事なので費用は税金から支払われます。

当初問題になったのは、安倍首相などが身内の支持者を多数招待していたこと、第二次安倍政権下で招待客数と支出額が年々増加していたことでした。

そして、内閣府が招待者名簿を廃棄したことが明らかになり、公文書管理の問題も加わりました。お友だちびいき、政治の私物化、官僚の忖度といった安倍政権の暗部が凝縮されたような問題です。

そもそも「お世話になっている方々を呼びすぎてしまいました。ごめんなさい」で終わる話です。しかし、国会で追及された安倍氏は「幅広く募ったけれど、募集はしていない」などと苦し紛れの答弁をたびたび行ない、国会の混乱に拍車をかけました。

結局、「桜を見る会」とその前夜祭について一一八回におよぶ「虚偽答弁」があったことが明らかになり、自ら謝罪することとなりました。この問題をめぐって安倍氏は公職選挙法違反と政治資金規正法違反の疑いで三度にわたって告発されましたが、東京地検特捜部はいずれも嫌疑不十分で不起訴処分としています。

モリ・カケ・サクラはたしかに安倍政権を揺るがしましたが、長期にわたって「安倍一強」の時代が続いたのは確かです。森友学園問題・加計学園問題で一時的に支持率が下がっても、しばらくすると盛り返しました。

「強い官邸」「お友だち内閣」安倍一強が加速

「安倍一強」を支えたのは「強い官邸」による政権運営です。

日本では戦後、霞が関の各省庁の官僚たちが国のビジョンを描き、具体的な政策を立案・実行する「官僚主導」の政治が続いていました。霞が関は「日本最大・最強のシンクタンク」とも呼ばれるほど優秀な人材が揃っているのですが、「前例を破れない」「省庁ごとの縦割りになる」という弊害もありました。

これでは経済の停滞や少子高齢化といった日本が抱える根本的な問題を打破できないという危機感から、政治がリーダーシップを発揮する「官邸主導」を目指す動きが起こりました。橋本龍太郎、小泉純一郎らが進めてきた「平成の政治改革」です。民主党の鳩山由紀夫内閣も「脱官僚政治」を打ち出しました。「強い官邸」の完成形ともいえるのが第二次安倍政権です。

二〇一四年、安倍政権は内閣人事局を発足させます。首相や官邸が官僚たちの人事権を握りました。政治家は国民によって選挙で選ばれますが、官僚は違います。

失敗すれば政治家が選挙で落とされ、責任を負うことになります。国民から直接選ばれた政治家が主導すべきであり、官僚は政治家を補佐する役割だという理屈です。安倍政権下、「強い官邸」に支配された官僚たちは、粛々と官邸に従い、意見することを控えるようになりました。逆らえば更迭《こうてつ》・左遷され、その先のキャリアを断たれてしまうかもしれなかったからです。

その結果、安倍首相の周りには異を唱える者はいなくなり、イエスマンばかりになりました。「お友だち内閣」と言われるゆえんです。官僚たちは安倍政権を守るため忖度に走り、機能不全に陥りました。「強い官邸」の副作用です。

「安倍一強」の背景にはライバルの不在もありました。政権を奪えるような野党はありません。自民党内でも、選挙に強い安倍氏と対立する動きは盛り上がりませんでした。かつて「麻生降ろし」などの党内抗争によって政権を失ったことへの反省もありました。

石破茂元幹事長が最大のライバルでしたが、総裁選に敗れた後は、黙って安倍政権を支える道を選びました。他に選択肢がない、他よりましという状態が「安倍一強」を支えました。

こうなれば、安倍政権はいわば、やりたい放題です。党内での議論もなく、「お友だち」だけで決め、その経緯が公開されることも、国民に説明されることもありません。国会で追及されても、のらりくらりとかわし、人事権を握られた官僚は文書を改ざんすることで、つじつま合わせに腐心する。統計の数字さえ偽造する。検証しようにも証拠は破棄されている。こうした安倍政権の末期症状は、民主主義の危機といえる状態です。

アメリカのワシントンにある国立公文書館には、あらゆる文書が保管されています。独立した行政機関が管理し、国民のみならず外国人でも資料を閲覧できるようになっています。

文書はどんどん増えていくので場所が足りなくなり、メリーランド州に巨大な新館がつくられました。紙の書類はもちろん、メールの文面もメモ書きもすべて保存されています。何か問題が起こったとき、いつでも検証できるようにするためです。

トランプ前大統領は都合の悪い公文書を水洗トイレに流していたため、ホワイトハウスのトイレが何度も詰まったという話もありますが。

未来にまで残るとわかっていれば、責任を持った判断をしなければという自覚が生まれます。公文書などの資料を国民共有の資産として保存することが民主主義の土台、というのが米国の姿勢です。

私も公文書館で資料を探したことがあります。アメリカが過去にどのように政策を決めたのか、他国とどのような交渉をしたのかがすべてわかります。日本の戦後の様子を伝える資料も豊富です。一方、日本では二〇〇九年に、ようやく公文書管理法ができたばかりです。

民主主義の危機と言うと難しく聞こえますが、国民が何を信じればいいのかわからない状態に陥っているということです。

安倍一強と言われた時代の中で、政治への信頼が失われ、日本という国の未来への期待までもが損なわれたのではないでしょうか。

わずかな審議で法改正

国民の関心が森友学園問題などに向いていた二〇一八年、安倍政権は「改正水道法」と「改正入管法」を成立させました。

「改正水道法」は二〇一八年十二月に成立しました。国民の生命と暮らしに直結する重要な問題ですが、衆院での審議時間はわずか八時間でした。この法改正によって、水道事業の運営を民間企業が行なうことができるようになりました。

背景には水道管の老朽化による破裂や漏水などの問題が多発していることがあります。高度経済成長期に整備された水道管が一斉に寿命を迎えているのです。水道管の交換には莫大な費用がかかります。

水道事業は自治体による独立採算制です。人口減少が進み、水道の使用量が減ったため赤字に陥る自治体が増えています。そうした自治体は水道管を交換したくても、お金がありません。

そこで民間の力を導入しようというのが法改正の狙いです。水道事業の運営権を外資を含む民間企業に売り、自治体は売却益を活用して水道設備を整備するという仕組みです。

しかし、民営化すればうまくいくとは限りません。海外ではすでに水道事業の民営化が行なわれた結果、色々な問題が明らかになっています。民営化によって水道料金が大幅に上がったり、コスト削減によって水質が低下したりしたケースもあります。運営権だけを民間に委ね、管理は自治体が行なうので大丈夫と言われているのですが、結果が出るのはこれからです。

二〇一八年十二月には「改正入管法」も成立しました。審議時間は衆参両院で合計三八時間。強行採決してまで成立を急いだ背景には、少子高齢化による深刻な人手不足があります。

それまで外国人労働者を雇用する仕組みとして「外国人技能実習制度」がありました。日本で働きながら技術を習得できる国際貢献の制度という建前ですが、実際には多くの場合、地方の農業や工場などの人手不足の穴埋めとして使われています。一般の「留学生」もアルバイトなどの形で日本の労働力不足を補ってくれています。

しかし、これではとてもまかなえないほど人手不足は深刻です。そこで、地方の経済界からの要望に応える形で生まれたのが「特定技能一号」「特定技能二号」という新たな枠組みです。介護・建設・農業など「一定の技能があれば五年間は日本に住める」というのが一号。そのうち「試験に受かれば永住できる。家族も呼び寄せられる」というのが二号です。

要するに、外国人が単純労働に就き、永住する道を開いたということです。安倍首相は否定しましたが、事実上の「移民」にほかなりません。

改正水道法も改正入管法も経済界からの要望を反映した政策です。社会や国民生活を大きく変える可能性のある法改正が十分な議論もなしに行なわれたことには自民党内でも異論がありましたが、安倍氏の求心力がすべてを可能にしたのです。

安倍から菅、岸田へ……それでも強い自民党

コロナ対策、東京五輪をめぐる問題

しかし、「安倍一強」も揺らぐときがやってきました。

「森友学園」「加計学園」「桜を見る会」といった問題で政権が信頼を失っていく中、新型コロナウイルスの感染が拡大。二〇二〇年四月には緊急事態宣言を出すことになりました。八月には首相としての在職日数が二七九九日となり、憲政史上最長を記録しました。

本来ならこのとき、安倍首相は東京五輪という華々しい舞台を迎えているはずでした。五輪で引退の花道を飾るとも言われていました。しかし、五輪は翌年への延

期が決定。二〇二〇年八月、安倍首相は再び体調不良を理由に辞任を表明しました。

東京五輪は安倍氏自身がトップセールスを展開して招致に成功した、肝入りのイベントです。

二〇一三年九月、ブエノスアイレスで開かれた国際オリンピック委員会（IOC）総会で行なったプレゼンテーションでは、東日本大震災にともなう東京電力・福島第一原発事故の処理水が「アンダーコントロール」（制御されている）と発言したことが議論を呼びました。二〇一六年八月、リオデジャネイロ五輪の閉会式では、自ら人気ゲームのキャラクター「マリオ」に扮して登場し、次回の東京大会を世界にアピールしました。

安倍首相は五輪をアベノミクスとともに日本経済復活の起爆剤にしたいと考えたのでしょう。経済効果は三二兆円とも試算されました。一方、招致時には大会費用を約七三〇〇億円程度に抑える「コンパクト五輪」を掲げたにもかかわらず、実際には一兆四二〇〇億円へと経費が膨張してしまいます。これは組織委員会が公表した経費ですが、後に会計検査院は約一兆七〇〇〇億円だったと認定しました。

安倍氏が政権を去った後、五輪をめぐる汚職・談合が次々に明るみに出ました。公式スポンサーの選定をめぐり、電通元専務で組織委員会の理事を務めた高橋治之《はるゆき》被告が、さまざまな企業から賄賂を得ていたとされ逮捕されました。

さらに、テスト大会の入札をめぐり談合が行なわれたとされ、電通の元幹部らが逮捕されました。高橋氏は安倍首相から直接五輪招致への協力を依頼され、「絶対に捕まらないように守る」と約束されたと『文藝春秋』に報じられました。この言葉が本当だとすると、権力の私物化の極みと言えます。安倍氏が亡くなった早くも翌月、高橋被告は東京地検に逮捕されることとなりました。

安倍氏が凶弾に倒れたことは、はからずも「政治と電通」「政治と統一教会」といった闇の部分に光が当たるきっかけにもなりました。

安倍政権の政策を継承した菅政権

七年八カ月に及んだ第二次安倍政権は二〇二〇年九月、コロナ禍の中で幕を下ろしました。そして、官房長官として安倍政権を支えた菅義偉氏が首相に就任しました。

菅氏は新しい元号を発表する記者会見で「令和」の額縁を掲げ、「令和おじさん」として人気を集めました。秋田県の農家に生まれた「苦労人」「庶民派」「叩き上げ」といったソフトなイメージが流布されました。

しかし、霞が関の官僚からは恐れられていました。

第二次安倍政権で官僚人事の大部分を担っていたのが菅氏です。自身に異論を唱える官僚を露骨に更迭し、「強い官邸」を印象づけました。

菅氏は官僚の人事権を積極的に行使する姿勢を誇らしげに自著に記しています。

二〇二〇年十月に出版した『政治家の覚悟』（文藝春秋）の第六章「『伝家の宝刀』

人事権」の冒頭に「ＮＨＫ担当課長を更迭」という見出しが掲げられています。

菅氏は総務大臣時代、「ＮＨＫ改革」に取り組みました。ＮＨＫが受信料の二割引き下げに抵抗したためＮＨＫを管轄する総務省の担当課長を更迭。「結果として官僚の中に緊張感が生まれました」と経緯を記しています。意に沿わない官僚を飛ばしてしまったのですね。ただし、飛ばしっぱなしというわけではなく、菅氏が総務省を去る際「更迭した課長は本省に戻しました」とも記しています。

確かに大臣は省庁の人事権を持っています。しかし、霞が関の人事は官僚やＯＢが決めるという慣例がありました。菅氏はこうした霞が関の慣例を嫌い、自分の意に沿うように、多くの歴代大臣が使わなかった「伝家の宝刀」を実際に振りかざしたのです。

飛ばされた官僚ばかりではありません。菅氏は能力があっても、自身に異を唱える官僚を冷遇しましたが、能力のあるノンキャリア官僚を高く評価し、局長に抜擢するという異例の人事でも注目されました。

官僚がいかに人事を重視しているのか、菅氏は知っていたのでしょう。人事権によって霞が関を統治し、官僚を恐怖で支配することに成功しました。権力を持つ者こそ抑制的であるべきだというのが、かつての自民党の政治家たちの矜持《きょうじ》だったのですが、菅氏は違っていました。

その結果、菅氏が書くように官僚たちに緊張感が生まれたのは確かです。しかし同時に萎縮し、活力が失なわれました。余計なことをして官邸に睨《にら》まれないように、指示待ちに徹するようになったからです。

かつて政策の立案を一手に担っていた霞が関の官僚たちは、官邸に主導権を握られ、積極的に新しいアイデアを出さなくなりました。コロナ対策が後手《ごて》に回り迷走した背景には、官僚たちから新しい政策が出なくなったこともあったのです。

菅政権は安倍政権の政策を忠実に継承しました。携帯電話の料金の値下げ、デジタル庁の設立、不妊治療の保険適用などの政策を打ち出しましたが、三八四日という短い政権となりました。

岸田政権になり官僚の雰囲気が一変した

菅政権を引き継いだのは宏池会《こうちかい》に属する岸田文雄首相です。

宏池会から首相が出るのは宮沢喜一氏以来三十年ぶりのこと。宏池会は吉田茂・池田勇人《はやと》・佐藤栄作の流れをくむ自民党主流派で「ハト派」とされます。憲法改正をうたう「タカ派」からの転換ですから、大きな変化です。

岸田首相は自民党総裁戦の当選後の挨拶で「人の話をしっかり聞く」と語りました。

問題は誰の話を聞くのかという点です。発表された党の人事には安倍・麻生太郎・甘利明の「3A」の影響力が色濃く見られます。

安倍氏が凶弾に倒れてすぐ国葬を決定したのも、最大派閥である清和会《せいわかい》（安倍派）への配慮でした。宏池会の岸田氏は元来「ハト派」ですが、「安倍元総理の思いを受け継ぎ、特に情熱を傾けてこられた拉致問題や憲法改正など、ご自身の手で果たすことができなかった難題に取り組んでいく」と述べました。

岸田首相は独自のビジョンとして「新しい資本主義」を打ち出しました。「小泉・竹中路線」と言われた新自由主義からの脱却を目指すものです。規制を取り払い、すべてを市場に委ねようというのが新自由主義です。格差の拡大を招いたとされるこの路線を、安倍政権・菅政権は踏襲してきました。

「新しい資本主義」は事実上「アベノミクスから脱却したい」と言っているのに等しいですから、清和会の反発を招くことになります。

実際、総裁就任時にはアベノミクスからの転換を思わせる主張をしていましたが、後にトーンダウンし、アベノミクスを踏襲するかのような政策が発表されています。自民党最古の派閥である宏池会と、現在の最大派閥である清和会のパワーバランスが日本経済の行く末を決めることになります。

岸田政権になって変わったのは官僚たちの雰囲気です。岸田首相は霞が関に任せる姿勢を見せたため、官邸に人事権を握られていた安倍・菅時代とは一変し、のびのび仕事ができるようになったのです。官僚主導の時代に戻るのは、それはそれで問題があるのですが、官邸からの圧力がなくなり、組織の風通しがよくなったのは確かです。

変化はすぐに表れました。たとえば、高市早苗《たかいちさなえ》氏のいわゆる「停波発言」（第四章参照）についての総務省の行政文書がウェブで公開されるなど、安倍・菅時代には考えられなかったことが起こっています。

メディアの現場の雰囲気も変わりました。安倍・菅時代には、政府の意に沿わない内容のテレビ番組やニュースを流そうものなら、すぐに抗議がやって来ました。面倒なことは避けたいと萎縮し、自主的に忖度して政権批判を避ける風潮がありました。まるでどこかの社会主義国家のような雰囲気です。

しかし、岸田政権になり、どこからともなく感じる圧力はなくなりました。

タカ派の安倍・菅からハト派の岸田へ。劇的な変化ですが、政権は同じ自民党であることが日本の民主主義の現状をよく表しています。著書の中で自身を「護憲」「リベラル」と認める岸田氏も、憲法改正に向かって邁進した安倍氏もまた自民党。本来まったく違う政党でもよさそうですが、同じ党内で総裁が代わることで、擬似的に政権交代を果たしているのです。派閥が政党のように機能しているのですね。野党の出る幕はありません。

こうした日本型の民主主義がどのように形づくられてきたのか、終戦直後から振り返ってみましょう。

日本型民主主義の誕生と発展

アメリカにもらった民主主義

一九四五年、日本は無条件降伏という形で太平洋戦争に敗れ、連合国の占領下で戦後を迎えました。太平洋戦争における日本軍の死者は一七四万人。アメリカ軍による空襲で死亡した一般市民などを合わせると、二七〇万人が犠牲になったとされています。

九〇〇万人以上が空襲で家を失い、森林も戦争の資材のために伐採されたまま。農地も耕す人がいなくなり荒れ果てていました。一九四五年に大凶作、翌年に大洪水に見舞われたのも戦争の後遺症と言えるでしょう。こうして疲弊した日本に、海外にいた六〇〇万人もの日本人が帰国しました。

戦争中、人々は食料や生活必需品を配給制度で入手していました。農業も工業も壊滅した戦後、配給制度が機能しなくなったため、人々はやむをえず非合法的な闇市で食べ物などを手に入れるしかありませんでした。法律を守り、配給だけで生きようとした東京地裁の判事が餓死するという事件も起こったほどです。

食料も工業製品もなくなった日本に、海外から大勢の日本人が帰国しました。一方、失職した軍人・軍関係者七〇〇万人に一斉に退職金が支払われました。買えるものがないのに、現金は大量に出回る。こうした状態で必然的に起こるのは急速な価格上昇、つまりインフレです。東京の小売物価は一九四六年には前年の六倍に上昇しました。

政府はインフレを抑えるために「新円切り替え」を実施しました。これまでの旧紙幣を銀行に強制的に預金させ、引き出せないように「預金封鎖」を行ないました。その上で新円の引き出しを制限し、世の中に出回るお金の量を減らそうとしたのです。銀行に資金を集めることで、銀行を救済する意味もありました。

この新円切り替えによってインフレが完全に食い止められたわけではありません。国民は自分の預金を自由に引き出すこともできず、価値がどんどん下がっていくのを見守ることしかできませんでした。結果的に、国民の犠牲によって銀行を守ったことになります。

一九九〇年代後半、政府はバブル崩壊で経営危機に陥った金融機関に公的資金を注入して守りました。終戦直後にも別の形で金融機関を守っていたのですね。

「国破れて山河あり」という言葉そのままに荒れ果てていた日本に乗り込んできたのが、連合国軍総司令部（ＧＨＱ）です。その最高司令官であるダグラス・マッカーサー元帥は事実上、日本の最高権力者となりました。

日本を占領したＧＨＱの狙いは、日本を非軍事化・民主化し、日本が二度と戦争を起こさない国家に作り直すことでした。その一環として、いわゆる東京裁判（極東国際軍事裁判）で戦争責任を追及し、日本軍による戦争犯罪を次々と明らかにしました。マッカーサーは天皇制を日本統治に利用しようと考えたため、昭和天皇が裁かれることはありませんでした。

一方、日本が戦争に突き進んだ原因を、天皇の絶対主権を認めた明治憲法にあると考え、国民主権の民主主義的な憲法への改正を求めました。

初めは日本政府に憲法改正の作業を任せていましたが、毎日新聞がスクープした試案があまりに保守的な内容だったため、マッカーサーはアメリカ側で憲法草案を作成するように指示。この際、草案に必ず盛り込むように「国民主権のもとで天皇制を存続」「戦争放棄」「封建制の廃止」といった三原則のメモを提示しました。こうしてマッカーサーの指示によって作成された英文の草案から、「基本的人権の尊重」「国民主権」「平和主義」を三原則とする日本国憲法が生まれました。

経緯はどうあれ、日本に民主主義を根づかせる根幹となる憲法を手にできたことを評価する見方がある一方、いわば押しつけ憲法であると受け止め、「日本国民の手で自主憲法を制定すべき」という動きも呼び起こしました。以来「改憲」と「護憲」の対立はいまに至るまで続いています。

経済の民主化が日本の発展の基盤に

マッカーサーは「秘密警察の廃止」「労働組合の結成奨励」「婦人の解放」「教育の自由化」「経済の民主化」を求める「五大改革指令」を出しました。

ＧＨＱは日本が戦争に突き進んだ原因のひとつは経済力の弱さにあると分析していました。国内経済が十分に発展していなかった。だから市場を求めて大陸やアジアに進出する必要があった。これが侵略につながったというわけです。

経済を発展させ、国内市場を拡大すれば、戦争をしない国になる。そうした考えのもとで行なわれたのが「農地改革」「財閥解体」「労働改革」という三つの経済改革です。

戦前の日本では、少数の大地主が土地を所有していました。小作人たちは農地を借りて農業を行ないますが、生産物の多くを地主に納めます。これでは小作人たちの意欲も生産性も上がらず、生活を向上させることはできません。

「農地改革」では大地主から強制的に土地を買い上げ、安価で小作人に分配しました。自分の土地で、自分たちの生産物を作るとなると、がぜんモチベーションは高まります。実際、農業の生産性は飛躍的に向上。日本は食料不足から脱することができたのです。

また、戦前の日本では、巨大な企業グループ「財閥」が形成され、あらゆる産業を支配していました。新規参入は事実上不可能でした。健全な競争が行なわれず、労働者の賃金も低く抑えられていました。

そこでＧＨＱは「財閥解体」を指示。三井・三菱・住友・安田の四大財閥が解体させられたほか、日本製鉄や大日本麦酒など十一社が分割されました。たとえば日本製鉄は八幡製鉄、富士製鉄など四社に分割されました。その結果、川崎製鉄（現・ＪＦＥスチール）や住友金属工業（現・日本製鉄）が発展する契機となりました。大日本麦酒は日本麦酒（現・サッポロビール）と朝日麦酒（現・アサヒビール）に分割され、これにより麒麟麦酒（キリンビール）が成長しました。

さらにＧＨＱは、労働者の所得を引き上げ、購買力を高めることが、国内市場の拡大につながるという考えのもと、労働改革を行ないました。

戦争中にすべて解散させられていた労働組合の結成を推奨しました。一九四六年六月には一万二〇〇〇もの労働組合が結成され、労働者の四一・五%が組合員となりました。労働組合運動は「最低賃金の確立」や「差別待遇の撤廃」といった経済的な要求だけでなく、当時の吉田茂内閣の辞職を求めるまでに盛り上がります。

一九四七年二月一日には、あらゆる産業に携わる四〇〇万人の労働者が一斉にストライキに入る予定にまでなりましたが、これは直前になってGHQの命令で中止となりました。

GHQは当初、労働組合運動を奨励していましたが、米ソによる東西冷戦が始まると方針を転換。社会主義運動・共産主義運動に転化しかねない労働組合運動を弾圧するようになりました。

GHQによる改革で日本経済が活性化する下地が作られつつあった一九五〇年、朝鮮戦争が始まりました。第二次世界大戦後、北緯三八度線を境に、北半分がソ連に、南半分がアメリカに占領されていました。東西冷戦下、北朝鮮（朝鮮民主主義人民共和国）と韓国（大韓民国）が成立。北朝鮮の金日成《キムイルソン》が南北統一を狙って南に攻め入ったのです。

　韓国の支援に駆けつけた米軍は、必要な物資の多くを日本から調達しました。兵士の軍服や毛布などの需要に応えた繊維産業から重工業まで、朝鮮戦争による特別な需要「朝鮮特需」によって日本経済は成長へと転じました。

　一九五六年度の『経済白書』には「もはや戦後ではない」という名文句が登場しました。まだまだ貧しさから抜け出せていないのが現実でしたが、本格的な経済成長が始まったのは確かでした。

自民党と社会党の対立

「五五年体制」の発足

二〇二一年に行なわれた衆議院選挙で、社民党が獲得した議席はわずか一議席でした。しかし、かつて社会党と名乗っていた時代、自民党と二大政党を競い合った存在なのです。ミニ政党となってしまったいま、その面影は見られません。

一方、自民党は健在。一時的に野党になったこともありましたが、政権の座を守り続けています。

戦後の日本の政治は、自民党と社会党の対立を軸に展開されてきました。憲法・自衛隊・日米安全保障条約などのポイントで、両党はことあるごとに対立。「自民党＝保守」と「社会党＝革新」のせめぎ合いは、中央から地方にいたるまで戦後の日本に浸透していました。

一九六〇年十月には、浅沼稲次郎（当時の社会党委員長）が右翼の少年に暗殺されるテロ事件も起きています。右翼・保守勢力に命を狙われるほど、社会党が力を持っていたと言えるでしょう。

自民党と社会党の対立構造は「五五年体制」と呼ばれています。一九五五年にできあがった体制だからです。

戦後の日本で新しい選挙法にもとづいて初めての総選挙が行なわれたのは一九四六年四月。敗戦の翌年のことです。これに先立ち、多くの政党が生まれました。選挙の結果、第一党になったのは「日本自由党」でした。後の鳩山由紀夫（第九三代内閣総理大臣）の祖父にあたる鳩山一郎が総裁を務めました。

日本自由党は一四一議席を獲得。以下、日本進歩党（九四議席）、日本社会党（九三議席）、国民協同党（一四議席）、日本共産党（五議席）と続きます。鳩山一郎がGHQによって公職を追放されてしまったため、吉田茂が日本自由党総裁を引き継ぎ、自由党と進歩党による連立政権として吉田内閣が誕生しました。吉田茂は麻生太郎（第九十二代内閣総理大臣）の祖父です。

こうしてスタートした日本の政治が大きく動いたのは一九四七年四月の衆議院総選挙です。

吉田茂内閣の日本自由党が議席を減らした一方、日本社会党が一四三議席を得て、第一党に躍り出たのです。

社会党は戦前の労働運動の流れをくむ政党として一九四五年に生まれました。戦争をもたらした保守勢力から国民の気持ちが離れ、社会主義という新鮮な思想を掲げる社会党に期待が集まったと考えられます。

社会党だけでは過半数に達しないため、民主党・国民協同党の三党による連立内閣が生まれました。社会党委員長の片山哲《てつ》が総理大臣を務めました。

数の上では、日本自由党も連立政権を組めば政権を維持することはできました。しかし、吉田茂は「国民の支持をもっとも集めた第一党が政権を担うべきだ」と考え、自ら総理の座を辞しました。この考え方は「憲政の常道」と呼ばれ、大正時代の護憲運動に由来する民主主義の大原則です。

吉田茂の孫にあたる麻生太郎は、二〇〇九年の総選挙で敗れ、民主党に政権を譲りました。このとき、祖父の「憲政の常道」という言葉を思い出していたのではないでしょうか。

選挙に負けたら、勝った政党に政権を渡すというのは私たちにとっては常識ですが、実はスムーズな政権交代というのは民主主義の試金石《しきんせき》になり得ます。アフリカなど一部の国では、政治家が選挙で負けても「勝った」と言い張って居座り、内戦を招くこともあります。トランプ前米大統領も二〇二〇年の選挙で敗れたという結果を認めませんでした。「トランプが勝ったはずだ」と信じる支持者による連邦議会襲撃事件も起こりました。アメリカはバイデン政権になったことで、民主主義国家でなくなるかもしれない一歩手前でぎりぎり踏みとどまったと言えるでしょう。

日本では政権交代がスムーズに行なわれています。日本の政治家たちが「本当は我々が勝ったはずだから政権は譲れない」なんて言い出したことはありません。民主主義の大原則を大切にしているという点で、実は世界に誇っていいことなのです。

保守vsリベラルはなぜ対立している？

話を一九四七年に戻しましょう。

片山内閣は初の社会党政権でしたが、わずか九カ月で総辞職に追い込まれました。保守勢力と組んだ連立内閣だったため、社会党独自の政策を打ち出せず、公約を実現できないことで国民の支持を失いました。さらに社会党内部で左派と右派が対立し、予算が成立しないという事態に陥りました。保守勢力と手を組もうとする右派と、社会主義を貫こうとする左派の対立は、その後も長く続きました。

一九四八年十月、自由党の吉田茂が第二次吉田内閣を作りました。吉田茂が結成した民主自由党は、一九四九年一月の総選挙で二六四議席を獲得し、絶対多数を占めました。吉田内閣はサンフランシスコ講和条約と日米安全保障条約に調印。戦後日本の骨組みを形作っていきます。

サンフランシスコ講和条約をめぐって一九五一年十月に開かれた国会では、審議中に社会党の左派・右派が対立した末に分裂します。双方とも社会党を名乗ったため、二つの社会党ができました。一方、保守勢力の中でも、政界に復帰した鳩山一郎・岸信介《のぶすけ》らが日本民主党を結成。自由党と民主党の対立構造ができあがりました。

こうして保守勢力・社会党ともに分裂して迎えた一九五五年の総選挙で、新たな動きが起こります。二つの社会党がともに躍進したのです。ひとつになれば一大勢力が結成できることから、四年ぶりに社会党の統一が叶いました。

保守勢力もこれに刺激されました。一九五五年の総選挙で鳩山一郎率いる日本民主党が第一党に躍進したものの、単独では過半数に及びませんでした。社会党統一の約一カ月後、民主党と自由党が合流した自由民主党が誕生しました。衆議院二九九人、参議院一一八人を占める一大保守政党が生まれ、以来三十八年間にわたって日本の政権を担うことになりました。

自由民主党は「日本国憲法はGHQに押し付けられた憲法である」という考え方から「自主憲法制定」を党是《とうぜ》に定めました。自民党には多種多様な思想を持つ政治家が集まっていますが、この点については一致しています。一方、社会党は平和憲法を高く評価し、護憲の役割を担いました。この双方決して譲れない対立点が、現在の保守vsリベラルの原点となっています。

世界的には「憲法を守ろうとする与党」vs「憲法を変えようという野党」という構図が一般的ですが、日本ではまったく逆になっているのです。

こうして一九五五年に始まったのが、自民党と社会党の二大政党による「五五年体制」です。当初からそう呼ばれたわけではなく、後に名づけられました。

二大政党による体制といっても、アメリカのような二大政党制とはまったく異なります。アメリカでは共和党と民主党がそれぞれ多くの大統領を出しています。イギリスでは保守党と労働党が政権交代を繰り返しています。日本では社会党はかろうじて国会の三分の一の議席を占める程度でした。いずれは欧米のようになるという期待を込めて「二大政党制」と呼ばれましたが、現実には「一と二分の一政党」だったのです。

社会党政権が崩壊、改憲阻止勢力に安住

一九五八年、二大政党が対決する総選挙が行なわれました。自由民主党・社会党ともに過半数にのぼる候補を立て、真っ向から衝突しました。投票率は七六・九九%。男女普通選挙になってから最高を記録し、国民の関心の高さが表れています。

その結果、定数四六七議席の衆議院で、自由民主党二八七議席(ほか追加公認一一)、社会党一六六議席(ほか追加公認一)となり、自由民主党の圧勝でした。

社会党は過去最高の議席を獲得しましたが、過半数には届きませんでした。それでも改憲阻止に必要な三分の一の議席を確保しました。自由民主党は政権をとりましたが、憲法改正に必要な三分の二以上の議席を確保できませんでした。五五年体制のもとでは、政権交代も憲法改正もできない状態が長く続きました。

社会党は国会で三分の一以上の議席さえ確保しておけば、憲法改正を阻止でき、「護憲」の旗印を守れます。この状態に満足して政権奪取への意欲を失っていきます。自民党も改憲に必要な三分の二以上の議席を確保できず、改憲への意欲を失っ

ていきます。こうして両党ともに居心地の良い現状に安住する状態が続きました。

日本社会党は労働組合を支持基盤にしていました。総評（日本労働組合総評議会）という巨大な労働組合の連合組織に所属する組合員が社会党の選挙運動の中心を担いました。

その結果、労働組合出身者が社会党の候補になることが増えました。労働組合の幹部を定年まで務め上げ、第二の人生として社会党の国会議員になるというキャリアパスが定着しました。労働組合という安定した支持基盤があることで、苦労して党員を増やそうという意欲を失った社会党は選挙のたびに議席を減らしました。

一方、自民党の支持者は「社会主義になるのは嫌だ」「会社を国営化されたら困る」「社会党や共産党でなければ何でもいい」といった種々雑多な人たちでした。自民党は、そんな現状維持を望む保守的な国民を着々と取り込んでいきました。

たとえば農協です。戦前から戦中にかけて、大地主のもとで小作農が働くという社会だったため、だれもが平等になれる社会主義を目指そうという農民の組合運動がありました。

ところが戦後、農地解放によって、自分の土地を手に入れた農民たちは急速に保守化が進みました。新潟には日本農民組合という先鋭的な社会主義勢力がありました。しかし、農地解放後は保守化が進み、田中角栄を支援する「越山会《えつざんかい》」の主力部隊になっていきました。

あるいは、マイホーム。自民党は支持基盤を広げるには、みんなが自分の家を持てるようにして保守化を促せばいいと考えました。

戦後しばらくは団地やアパートといった集合住宅をたくさん作りました。しかし、それは決して自分の持ち物ではありません。集合住宅の住民には社会党や共産党の支持者が多いことに気づいた自民党は、みんながマイホームを持てるような住宅政策をとりました。日本住宅金融公庫を作り、マイホームを持ちたいという人たちにどんどんお金を貸しました。

マイホームを手に入れ、現状に満足する人が増えることで社会全体が保守化すれば、現状維持路線の自民党は安泰です。こうした構造が定着しました。

このように戦後の自民党は、中小企業の経営者や農協といった、色々な業界・業種の団体の利益を守る存在になっていきました。たとえば運送業において、特定のエリア内でしか事業を展開できないといった規制を設け、新規参入を難しくすることで、競争を避け、現状維持を守りました。まるで社会民主主義のような政策をとることで、自民党は盤石な支持基盤を手に入れたのです。

社会党が衰退し、野党が弱体化していく中、自民党の地位はますます安泰になります。しかし、長期政権が腐敗を引き起こすのは世の常です。力を持っている与党には、甘い汁を求める人たちが群がってくるのです。

中でも知られているのが、一九八八年に発覚した「リクルート事件」、一九九二年の「東京佐川急便事件」です。

リクルートはいまでこそだれもが知っている大企業ですが、当初、民間企業による就職斡旋《あっせん》は法律で禁止されていました。就職の斡旋ができるのは、当時の職業安定所、いまでいうハローワークだけでした。そこで、リクルートは子会社の未公開株を、政財界にばらまきました。上場すれば価値が何倍にもなり、受け取った人は「濡れ手で粟」の大儲けができます。つまり賄賂《わいろ》を贈ったことになります。これにより、職業の斡旋などが可能になるなど規制緩和が進み、リクルートはいまにつながる事業の基盤を築くことができました。

東京地検特捜部が捜査に入り、連日、多くの政治家や労働省・文部省の幹部らが未公開株を受け取っていたことが報じられました。政治家たちが口を揃えて「私は知りません。秘書が買いました」「妻が買いました」と責任逃れをする姿は、国民の政治不信を招きました。

初の本格的な政権交代

こうした腐敗を引き起こした大きな原因として、選挙制度が問題とされました。従来の中選挙区制では、自民党から複数の候補が立候補し、激しく争っていました。同じ自民党の候補なので公約で差別化することはできず、「私が当選したら高速道路を作ります」「私は新幹線を引っ張ってきます」といった利益誘導で競うようになります。あるいは後援会の支持者たちをバスツアーに招くといった接待も普通に行なわれていました。同じ自民党でも派閥意識が非常に強く、争いは熾烈《しれつ》をきわめます。そのため選挙運動のためにとにかく資金が必要になります。

だったら政党同士の戦いにすればいいのではないか？　つまり小選挙区制にすれば、選挙区ごとに自民党と社会党が政策を戦わせることができ、お金もかからないんじゃないかという世論が形成されました。

これを受けて、当時の海部内閣と宮沢内閣が政治改革関連法案を提出しましたが、いずれも自民党内部からの反対で廃案になりました。自分たちが落選するかもしれない改革ですから反発も強いのです。

こうした自民党の状況に失望し、改革派の議員たちの離党が相次ぎました。そして、羽田孜《はたつとむ》、小沢一郎らが「新生党」を、選挙後に武村正義らが「新党さきがけ」を結成しました。

その結果、一九九三年の総選挙で自由民主党は過半数を大幅に割り込みました。既存の自由民主党・社会党が惨敗した一方、自民党からの離党者による新生党や、元熊本県知事・細川護熙《もりひろ》が率いる「日本新党」が躍進しました。

自民党が過半数を下回ったことで、その他の政党が連立すれば政権を獲得することができる状態となりました。これを実現したのが小沢一郎です。

新生党・社会党・公明党・民社党・社会民主連合は、日本新党の細川護熙を首相とすることで合意。日本新党・新党さきがけも合意し、一九九三年八月、細川内閣が成立しました。第一党は自民党なのに排除する「憲政の常道」にのっとらない変則的な政権交代でした。

これによって自民党はついに野党となり、五五年体制は終わりを迎えたのです。

五五年体制は、もともと東西冷戦という国際情勢が日本の国内政治に反映した結果でもありました。自民党は日本を西側諸国の一員と位置づけ、米国との関係を重視してきました。日米安全保障条約を結び、米軍基地を認めました。

一方、社会党はソ連や中国との友好を重視し、反米の立場をとりました。非武装中立を掲げ、日米安保条約に反対してきました。つまり、自民党が西側、社会党は東側の立場で代理戦争を演じてきたのです。しかし、一九八九年にベルリンの壁が崩壊し、東西冷戦が終わると、日本の五五年体制も終わりを迎えました。

自民党と民主党、二度の政権交代の意味

政治改革への期待を背負った細川内閣は、中選挙区制から小選挙区比例代表並立制への改革を実現しました。これが唯一の成果と言っていいでしょう。多くの勢力が相乗りした連立政権だったため、たびたび対立が起こったからです。

細川護熙は一大ブームを巻き起こしました。若くて、スマートでイケメン。記者会見を立って行ない、記者が質問をするとボールペンで指すというスタイルは当時画期的でした。一時は七一%もの支持率を獲得し、ワイドショーには多くの話題を提供してくれたのですが、自身の佐川急便からの借入金疑惑の追及を受け、突然政権を投げ出しました。

後任の羽田孜《はたつとむ》内閣は、わずか二カ月で総辞職。小沢一郎の強引な手法に反発した社会党が連立政権から離脱し、政権を維持できなくなったからです。

その後、誰もが驚いた自民党・社会党の連立政権が誕生しました。自民党が社会党に対し、社会党の村山富市《とみいち》委員長を首相とする連立政権を提案したのです。これ

に新党さきがけが加わることで「自社さ」連立政権が実現しました。

これによって大きく変わったのが社会党です。それまで「自衛隊は違憲」「日米安保条約に反対」という立場でしたが、村山首相は国会の演説の中で「自衛隊は憲法違反ではない」「日米安保条約を認める」と述べました。

これを機に社会党は現実路線に舵を切り、党名も社会民主党に変えました。あまりの豹変ぶりに長年の支持者は離れ、社会党は急速に勢いを失います。

その後、自民党は政権を取り戻しましたが、参議院で野党が過半数を占める「ねじれ国会」に苦しみました。歴史的な変化が起こったのは二〇〇九年の衆院選です。自民党と公明党の連立政権が敗北し、民主党が政権を獲得したのです。

細川内閣による選挙改革で導入された小選挙区制は、世の中の「風」を反映しやすい仕組みです。折しも二〇〇八年に起こったリーマン・ショックで経済が非常に不安定になり、自民党政権への不信感が高まっていました。自民党や社民党から飛び出したさまざまな勢力が、政権交代を実現するために、「反自民」の一点で集結した民主党に国民の期待が集まったと言えるでしょう。

民主党はマニフェスト（政権公約）を強調して選挙を戦いました。従来の選挙でも公約は掲げられていましたが、選挙が終われば忘れ去られてしまうのが常でした。民主党はマニフェストを「政権をとったら必ず実現させる目標」と位置づけました。そのため二〇〇九年の選挙は「マニフェスト選挙」と呼ばれました。

民主党が掲げたマニフェストのひとつが「コンクリートから人へ」でした。無駄な公共事業をやめ、子育て支援・教育支援などを重視しようと理想をうたいましたが、公共事業を失うことで経済が立ち行かなくなる地方から大きな反発を呼びました。

民主党のマニフェストのもうひとつの柱が「脱官僚」です。自民党政権では、政治家が政策を立案するのではなく、霞が関の官僚たちに丸投げしていました。

そもそも本人に強みや志があって大臣になるのではなく、一定の当選回数になると順繰りに大臣を任されることがほとんどです。大臣になっても本人は素人同然ですから、官僚たちが政策や法案を作り、すべてのお膳立てを整え、閣議では署名するのみです。国会や記者会見でも、政治家は官僚の作った原稿やメモを読むのみという状態でした。

選挙で選ばれたわけでもない官僚たちに政策を任せるのはおかしい。大臣たちが政策を作るべきだというのが民主党の主張でした。確かにこれ自体は正論ですが、やり方が性急すぎたようです。


民主党の鳩山政権は官僚主導から政治主導に移行するため、中央省庁のトップである事務次官たちが一堂に会して開いていた事務次官会議を廃止しました。これによって、各官庁間の横のつながりがなくなり、タコツボ化していきます。官僚から仕事を取り上げ、大臣・副大臣・政務官の三役ですべてを進めようとしたことで、官僚たちはやる気を削がれ、政治家の指示があるまで動かない指示待ちになってしまいました。

こうした中で二〇一一年、東日本大震災が起こりました。自民党政権下であれば、官僚たちは「大臣たちは何もできない」という前提で主体的に仕事を進めていたでしょう。結果論にはなりますが、民主党政権下で「言われたらやります」という姿勢になってしまったために、初動が大きく遅れたと言えるでしょう。

結局「脱官僚」の弊害に気づいた野田佳彦内閣は、政権末期、官僚に頼る政治を復活させました。民主党政権は政治と官僚の関係を、良くも悪くも明らかにしてくれました。

民主党はマニフェストを守ることはできませんでした。東日本大震災に見舞われた上、マニフェストにはなかった消費税増税を進めようとしたことで分裂。二〇一二年十二月の衆議院総選挙では、大きく議席を減らしました。自民党は圧勝。公明党と連立を組み、政権の座に返り咲きました。第二次安倍政権の誕生です。

かといって自民党が得票数を伸ばしたわけではありません。二〇〇九年に比べ、自民党も得票数を減らしています。二〇〇九年に民主党に期待した人たちは失望して投票に行かなかった。自民党は票を減らしたけれど、それ以上に民主党が票を減らした。その結果、自民党が政権を取り戻した。これが二度目の政権交代でした。

自民党はなぜ強い?

戦後の政権の推移を振り返ってわかるのは、敗れても不死鳥のようによみがえる自民党の圧倒的な強さです。その理由は、何よりも与党であることに価値を置き、政権を維持するためなら何でもやるという一貫した姿勢にあります。

自民党はそもそも多様な政治家が集まった組織です。結党以来の党是「自主憲法制定」はベースとしてあるものの、大きな政府を志向するグループもあれば、小さな政府を求めるグループもあります。時には「自民党をぶっ壊す」と啖呵《たんか》を切った小泉純一郎氏のような政治家が首相を務めることもあります。

五五年体制のもとでは政権交代は起こりませんでした。しかし、自民党内の派閥抗争によって新たな首相が生まれました。このいわば「擬似政権交代」によって政治の路線が大きく変わるため、他の政党に出番はなかったのです。

自民党はたとえ数の上で不利になっても、あらゆる党と連立を組むことで政権を維持してきました。

一九九四年六月には、ずっと対立してきたはずの社会党の村山富市委員長を総理に推すことで政権に復帰しました。このとき自民党は社会党と新党さきがけによる政策合意をそのまま受け入れました。与党であるためなら、たいていのことには目をつぶるのです。

橋本龍太郎内閣は参院選で議席を大きく減らし、単独過半数を維持できなくなりました。すると自民党は小沢一郎が率いる自由党や公明党に接近。それまで反小沢の立場であったこと、公明党の支持母体である創価学会を批判していたことを忘れてしまったかのように、「自自公」連立政権を組んだのです。

「自社さ」「自自公」「自公保」など、さまざまな連立政権が登場しましたが、政権交代が行なわれても、連立を組む相手が代わるだけで、政策の転換は一切ありません。自民党が政治理念よりも、政権与党であることを重視しているのだと非常にわかりやすく示してくれています。

自民党が政権を失って、細川内閣が生まれたとき、自民党議員たちが続々と離党して、細川陣営に入りました。二〇〇九年に民主党政権になった途端、自民党から民主党に移った議員も相当数いました。何がなんでも与党にいたい政治家が大勢いるのですね。

もちろん、自身の政治家としての志を実現したり、存在価値を示したりするには与党に身を置くのが近道です。野党を経験したことのある自民党の政治家は、与党に所属することの意味をなおさら知っています。

与党であれば、選挙区から後援者たちが「補助金をつけてほしい」「橋を架けてほしい」などと陳情に訪れます。与党議員は霞が関の役人にはたらきかけることで、地元で喜ばれ、企業からは政治献金が入り、次の選挙でも当選できるという旨みがあります。

ところが政権を失った途端、陳情は来なくなります。何の力も持たないのですから、地元の選挙区からは誰もやって来ません。中央省庁からレクチャーに来る官僚が、与党時代は局長だったのに、野党になると課長補佐にランクが落ちます。政権を失うとどんな目にあうのか身に染みてわかっている政治家たちは、何がなんでも与党にならなければならないと考えるようになるのでしょう。

政党は政治家が自分の主張を形にするための組織です。自分の所属する政党が常に選挙で勝てるとは限りませんが、与党になるために、それまでの主張をかなぐり捨てるようなことをすれば、当選させてくれた支持者への裏切りであり、民主主義の否定とも言えます。こうしたことが平然と行なわれているのが日本の民主主義の現状と言わざるをえません。

五五年体制が崩壊した後、さまざまな政党が誕生し、離合集散を繰り返してきました。しかし多くの場合、政策によってではなく、人間関係や数の論理によって政界地図が形作られてきました。

結果として、与党に近ければ近いほど、党は違っても政策に大した違いはないというのが現状です。つまり五五年体制崩壊以降、日本には新しい政治体制は生まれていないのです。真に政策によって国民が政党を選ぶ時代が、果たしてやってくるのでしょうか。日本の民主主義の行方が問われています。

政治と宗教の関係

戦後、政治と宗教はなぜ切り離されたのか？

安倍晋三元首相の銃撃事件後、旧統一教会（世界平和統一家庭連合）に注目が集まりました。久しぶりに「統一教会」という言葉を聞いた方も多かったことでしょう。「旧」がついていることから、名称を変えたことがわかります。

かつて統一教会が広く関心を集めたのは一九八〇年代半ばのこと。週刊誌などが報じた霊感商法問題がきっかけでした。私が在籍していたＮＨＫもこの問題を報じたところ、抗議の電話が殺到しました。言論を封じようとする脅しでしょう。

あれから三十年以上たちますが、旧統一教会は組織名を変えて生き残っています。

信者による霊感商法や多額の献金による被害が続いている実態が、あらためて報じられました。これに加えて問題視されているのが、癒着とも言えるほど密接な自民党とのつながりです。

政治家は選挙の際、教団関係者のボランティアスタッフなどの動員力と組織票の恩恵にあずかってきました。一方、教団は組織の権威づけなどのために政治家を利用しています。

なぜこのような関係性が成り立つに至ったのか？　政治と宗教の関わりについて、戦前から経緯を追ってみましょう。

日本では政治と宗教を切り離す「政教分離」について、憲法第二〇条、八九条で定められています。国民には信教の自由が保障されており、特定の宗教団体が政治的な特権を得て、国民に信教を強要することは禁じられています。また、国が特定の宗教的活動を行なうことも、特定の宗教団体を弾圧することも禁じられています。「政教分離」は、国が宗教団体を弾圧した戦前・戦中の歴史から教訓を得てつくられた仕組みです。

戦前の日本では神道が国教とされ、すべての国民に国家神道の信仰が義務づけられました。国家神道以外のあらゆる宗教が弾圧され、これに抵抗したキリスト教徒や仏教徒などは逮捕・投獄されました。ほかの宗教は国家神道を認め、日本政府に協力する姿勢を示すことでしか生き残れませんでした。

たとえば、創価学会（当時は創価教育学会）の初代会長・牧口常三郎《つねさぶろう》氏は戦中、政府による国家神道の強要を拒み、治安維持法違反と不敬罪の容疑で逮捕・投獄されたのち獄死しました。

こうした歴史への反省から、戦後は政教分離が徹底され、「宗教法人」として宗教団体を認定する仕組みがつくられました。

宗教活動は本来、営利目的ではないという考え方から、税制面で優遇されています。お寺の敷地内にある駐車場の売上など、あきらかな事業収入は課税対象となりますが、宗教活動による収入に対しては税金がかかりません。

宗教法人を管轄するのは文化庁や都道府県庁ですが、違法と疑われるような活動を行なった宗教法人に対しても、簡単には手出しできません。全国組織の宗教法人の場合、第三者からなる宗教法人審議会の意見を聞いた上で、ようやく文部科学省が「質問権」を行使して質問できます。仮に解散させる場合も、裁判所に判断を委ねる仕組みになっています。国が二度と宗教弾圧を行なうことがないように、厳密な手続きが定められているのです。

こうした手続きを経て、実際に宗教法人の認可を取り消されたのが、かつてのオウム真理教です。一九九四年六月、長野県松本市で猛毒のサリンを撒いて死者八人を出した「松本サリン事件」を、そして、一九九五年三月には一四人を死亡させた「地下鉄サリン事件」を引き起こしました。これほど反社会的なことをしでかさない限り、宗教法人を取り締まるのは難しいとも言えそうです。

オウム真理教は二度の無差別テロ事件を引き起こす以前の一九八九年、「真理党」という政党を結成し、翌年の衆議院議員選挙に二五人の候補を立てました。全員落選という結果に終わったことが武装路線への引き金になったともいわれています。

一方、旧統一教会は表立って政界進出することはありませんでした。反社会性を厳しく追及されながらも、政界に静かに浸透し、政治家たちと協力関係を築くことで隠然と影響力を強めることに成功したのです。

「旧統一教会」とは何か?

「統一教会」は「世界基督《キリスト》教統一神霊協会」の略称です。一九五四年、文鮮明《ムンソンミョン》によって韓国ソウルで創設された宗教団体です。一九五九年には日本で布教が始まり、一九六四年に宗教法人として認可されました。

旧教団名には「キリスト教」という文字が入っていますが、その教義は一般的なキリスト教の理解とはまったく異なります。

エデンの園にいたアダムとエバ(英語読みではイブ)は、神から「エデンの中心部の知恵の樹の実だけは食べてはいけない」と言われていたにもかかわらず、エバは蛇の誘惑に乗ってしまい、知恵の実を口にします。蛇というのは悪魔(サタン)の象徴です。エバはさらにアダムを誘惑し、知恵の実を食べさせました。これがキリスト教における原罪です。罪を犯したアダムとエバはエデンの園から追放されてしまいます。旧約聖書の創世記に出てくる有名な話です。

木の実がふんだんにあったエデンの園では食べ物に苦労することはありませんで

した。しかし、怒った神はアダムに対し「これからは固い土を自ら耕して、食べるものを育てよ」と労働を義務づけました。これが「labor《レイバー》」（労働）の起源とされます。

一方、エバに対しては「これからは死ぬほど苦しみながら子どもを産むことになる」と告げました。陣痛のことを英語でやはりlaborと言います。人間は罪を犯した罰として労働を義務づけられたのです。

余談になりますが、この「労働は罰である」という意識が欧米、特にキリスト教社会における労働観の根底にあります。特にアメリカでは、若くして成功し、早くリタイアしたい。早く労働から脱して悠々自適に暮らしたいと考える傾向があります。日本人が六十五歳になっても、七十歳になっても働きたいと考えるのは、キリスト教的な基盤を持たないからという側面もあるのです。

ここまでは一般的なキリスト教の話です。旧統一教会はアダムとエバの物語をベースに独自の世界観を築き、韓国をアダム国家、日本をエバ国家と位置づけました。先に堕落したエバがアダムを堕落させたという話を、日本が朝鮮半島を統治し、収奪したという歴史になぞらえています。

こうして堕落した日本に信者を増やし、贖罪《しょくざい》として高額な献金をさせ、これを韓国に献上するという活動を正当化したのです。

日本での集金活動の象徴が一九八〇年代に社会問題化した霊感商法です。一軒一軒、飛び込みセールスのように家庭を訪問し、「ご先祖様がないがしろにされて苦しんでいる」「呪われている」と不安を煽《あお》り、「供養のために」と称して壺や印鑑を法外な値段で売りつけます。キリスト教の教義とはまったく関係のない、なりふりかまわぬ集金活動です。

霊感商法が問題となる以前、旧統一教会をめぐる問題は、すでに大学のキャンパスで起こっていました。

一九七〇年代から八〇年代に大学生だった方なら「原理研《げんりけん》」という言葉を聞いたことがあるのではないでしょうか。

一九六〇年代以降、全国の大学に「原理研」（原理研究会）という学生サークルがつくられました。旧統一教会の教え「統一原理」を広めるための組織です。

まだ携帯電話などない時代、ひとり暮らしをしていた学生が突然音信不通になるといった事件が頻繁《ひんぱん》に起こりました。原理研と接点を持ってしまったため勧誘され、旧統一教会の施設に軟禁されていたのです。

軟禁下で洗脳され信者になってしまった学生は、学業を放棄して布教活動を行なうようになりました。趣旨の疑わしい街頭募金活動に没頭したり、親に寄付金を要求したりして、受け入れられないと「サタン」呼ばわりして家庭崩壊に至るといった被害が社会問題化しました。

こうした反社会的な行為、違法性が疑われるような行為を繰り返していれば、当然警察沙汰にもなり得ます。旧統一教会は自らの組織を守るため、少々のことでは警察が手を出せないような存在となれるように、自民党を中心とする政治家に浸透していく方針をとったとされています。

一方、自民党の側にも旧統一教会と協力関係を強めていく理由がありました。ひとつは東西冷戦という背景の中で高まった共産主義への危機意識。もうひとつは選挙における組織票と動員力です。

安倍晋三元首相の銃撃事件で注目を集めた旧統一教会と自民党との関係をさかのぼると、くしくも祖父、岸信介元首相に行き着きます。

一九六〇年代から続く自民党と旧統一教会の蜜月

第二次大戦後、世界はアメリカを中心とする西側諸国とソ連・東欧を中心とする東側諸国に分裂しました。日本の政治も東西冷戦を反映し、アメリカと仲良くやっていこうという自由民主党と、ソ連・中国との関係を重視する社会党・共産党が対峙するようになりました。

一九六〇年代から一九七〇年代にかけて、日本でも社会党や共産党が勢力を伸ばし、社会主義・共産主義をうたう学生運動が激しさを増していました。いまとなっては信じられないという方も多いでしょうが、やがて日本でも社会主義や共産主義による革命が起きるのではないかという危機意識が、保守派や財界を中心に広まっていたのです。

東西冷戦の最前線である韓国で生まれた旧統一教会は一九六八年、反共産主義を掲げる政治組織「国際勝共連合《しょうきょう》」を韓国と日本で創設しました。

日本での国際勝共連合の発起人のひとりとして名を連ね、創設を後押ししたとされるのが、安倍晋三元首相の祖父、岸信介元首相です。

国際勝共連合の名誉会長は笹川良一氏が務めました。一九七〇年代から一九九〇年代にかけて日本船舶振興会のテレビCMに出演し、「一日一善」「人類みな兄弟」と訴えていた姿を覚えている方も多いでしょう。終戦直後、岸信介元首相、児玉誉《よ》士《し》夫《お》氏とともに「A級戦犯」容疑者として東京巣鴨拘置所に収監され、後にマスコミから「右翼のドン」と称された人物です。

こうして自由民主党の中でも保守派にあたる勢力と旧統一教会は、反共産主義という共通の政治意識で結びつきを強めるようになったのです。

旧統一教会はアメリカにも影響力を広めようとしました。たとえば「ワシントンタイムズ」という新聞の発刊です。

聞いたことがあるような、ないような名前ですね。「ニューヨークタイムズ」「ワシントンポスト」という権威のある有力紙に似せたネーミングです。

ソ連や中国、そして中国との関係を重視する民主党を非難する論調を展開し、共和党への浸透を図りました。のちにドナルド・トランプにも大きな影響を与えたといわれ、こうした活動の資金にも日本で集金された莫大な献金が流れたとされています。

一方、日本では、選挙を通じて自民党との関わりを強めました。教団関係者がボランティアとして選挙運動を支えるようになったのです。

公職選挙法により金銭のやりとりが厳しく制限されている日本の選挙運動では、ボランティアの協力が欠かせません。選挙カーの運転手や「ウグイス嬢」といったスタッフにのみ日当を支払うことができますが、たとえば「○○候補に投票をしてください」と一軒一軒呼びかけの電話をするのは無報酬のボランティアです。配布するビラに一枚一枚、選挙管理委員会のシール（証紙）を貼る作業など、多くの活動にボランティアが必要となります。

一般市民のボランティアを集めるのは本当に大変です。アメリカなどでは、候補者の政策に賛同した学生や市民が自発的に協力することも珍しくありませんが、日本ではあまり聞いたことがありませんよね。

そこで重宝されるのが組織の力です。共産党や公明党には熱心な支持者がいるため、大勢のスタッフが動員できますし、投票も見込めます。農業や建設業といった政治の影響を受けやすい業界の関連団体にも一定の動員力があります。しかし、こうした基盤を持たない多くの候補者はボランティア集めに苦労しています。

旧統一教会は選挙運動を支えるボランティアとして信者を送り込み、多くの政治家と関係を築くことに成功しました。選挙のたびに確実に戦力になってくれる旧統一教会は多くの政治家に重宝され、選挙に欠かせない存在になったのです。

名前を変更できたのは安倍派のおかげ？

岸信介元首相の時代に始まった旧統一教会と自民党の関わりは、安倍晋太郎元外相を経て、安倍晋三元首相へと引き継がれました。

自民党はもともと自由党と日本民主党という二つの政党が一緒になってできた経緯もあり、実にさまざまな思想を持つ政治家が集まっている組織です。安倍派に代表される保守派もいれば、岸田首相につながるリベラルな政治家もいます。旧統一教会や国際勝共連合が接近したのは、自民党の中でも保守的な勢力である清和会（安倍派）でした。

二〇一五年、旧統一教会は世界平和統一家庭連合へと名称を変更しました。かつて霊感商法で有名になってしまった過去を水に流そうとしたのでしょうか。教団は一九九七年から名称変更を文化庁に相談していました。

ようやく名称変更が認められた二〇一五年は第二次安倍内閣時代。当時の下村博文文部科学大臣は安倍派の重鎮です。下村氏を巡っては、旧統一教会の関連団体から推薦状を受け取ったこと、選挙の際に旧統一教会や関連団体のボランティアの協力を受けたことなどが報道されています。

かねてから安倍派と深い関係にあった旧統一教会が文部科学大臣に影響力を及ぼし、自分たちに有利になる名称変更を勝ち取った。そう勘ぐられるのも無理はありません。

旧統一教会との関わりを指摘された際、「名前が変わっていたからわからなかった」と主張した政治家もいます。

本当に別の団体だと考えた人もいるかもしれませんが、少なくとも、改名によって言い訳、言い逃れの余地ができてしまったことは間違いありません。

宗教団体や信者が政治に関わることに何も問題はありません。ただし、国が特定の宗教団体に対して有利なはからいをすれば政教分離に反します。仮に法的に問題がないとしても、そもそも反社会的な活動で社会問題となった宗教団体の協力を受けるという時点で、政治家のモラルが問われそうです。

旧統一教会との関わりを取り沙汰されている政治家たちは、宗教団体をただ

「票」としてしか捉えていないのかもしれません。そうした脇の甘い意識ゆえに足をすくわれてしまったと言えるのではないでしょうか。

そもそも、政策で政治家を選び、選挙を積極的に手伝おうという人が大勢いれば、疑惑を招くような団体の動員力が当てにされることも減るでしょう。政治家のモラルだけでなく、国民の政治への関わり方も、この問題の根幹にありそうです。

「創価学会と公明党」は問題ない？

安倍元首相の銃撃事件を機に、長い間、国民には見えなかった旧統一教会と政治の深い結びつきがクローズアップされました。判然としないことも多く、モヤモヤした状態が続くかもしれませんが、政治と宗教の関わりをあらためて考えさせられるきっかけになりました。

そこで素朴な疑問を抱いた方は多いでしょう。

「創価学会と公明党はどうなの？」と。

広く知られている通り、公明党は創価学会という宗教団体が主な支持母体です。自民党などと連立政権を組むことで与党の立場を揺るがぬものにしています。つまり創価学会は国家権力の側にいるのです。

この状態は政教分離に反しないのでしょうか？

結論から言えば、公明党が与党である立場を利用して創価学会にだけ有利な政策を行なったり、別の宗教団体の活動を妨げたりするようなことをしなければ、政教分離には反しません。宗教団体が政党を支持したり、政治活動を行なったりするのは自由です。

創価学会は日蓮正宗《にちれんしょうしゅう》の考え方を国政に反映させることを目指しています。仮に公明党が単独政権をとり、日蓮正宗に優越的な地位を与えたり、日蓮正宗以外の宗教を禁じたりすれば憲法違反となります。

公明党の前身は、創価学会を母体として生まれた公明政治連盟です。一九六四年に公明党として結党されました。その後、自民党にも社会党にも与《くみ》しない中道の立場をとっていましたが、地方議会では一九七〇年代後半以降、首長選挙で自民党と選挙協力を行なうようになりました。そして、一九九三年、自民党が下野《げや》した細川内閣において、初めて国政で与党となりました。

小渕政権の時代、参議院で過半数に達しなかった自民党が、安定多数を確保するため公明党・自由党と連立を組んだことにより「自自公政権」が発足しました。この連立で公明党が政権参加の条件にしたのが国民への「地域振興券」の配布です。自民党は政権を安定させるために、そして、もともと「非自民」だった公明党は政策を実現するために連立の道を選んだのです。

公明党との連立は当初、自民党内でも議論を呼びました。もともと「非自民」だった公明党を、政教分離の観点から非難したこともありました。

しかし、流れを変えたのは選挙です。業界団体の動員力が落ち、支援者の高齢化という課題を抱えていた自民党にとって、安定した支持母体を持つ公明党との協力関係が強力な武器となることがわかったのです。

公明党との連立政権はすでに四半世紀におよびます。安全保障や改憲についての主張などに隔たりはありますが、いまや自民党は公明党の支援なしには選挙を戦えないほどの状態となっています。

かつて下野の屈辱を経験した自民党は「どうしても与党であり続けたい」という強い意志を持っています。保守からリベラルまで多岐にわたる思想の政治家たちが、この一点のみで結びついた政党と言えるほどです。自民党が単独で安定多数を獲得できるほどの力を持たないかぎり、公明党への依存関係は続きそうです。

第二章

日本を取り巻く
外交問題と
安全保障

日本と韓国はなぜ揉めている?

旧統一教会の活動は、過去の日韓関係の清算?

旧統一教会の問題には二つの重要な側面があります。ひとつは日本の政治、特に自民党との深い関わり。こちらは前章で取り上げました。もうひとつは日本と韓国の歴史的な関係です。

韓国の宗教団体である旧統一教会がなぜ日本に勢力を伸ばし、莫大な金を集めて韓国に送っているのか。そして、なぜ合同結婚式というかたちで大勢の日本人女性を韓国に連れて行き、韓国人男性と結婚させているのか。ここに実は過去の日韓関係が影を落としているのです。

第二次世界大戦が終わるまで、日本は三十六年間にわたって朝鮮半島を統治していました。その戦後の処理の捉え方が日本と韓国では異なっています。

日本側は何度も謝罪し、お金も支払って韓国に償いをしてきました。条約や協定を結び、この問題は解決されたと捉えています。しかし、韓国側は決して十分ではないという立場です。

旧統一教会はこう考えます。韓国はアダム国家であり、日本はエバの国家である。日本はかつて朝鮮半島を統治し、さまざまな形で搾取・収奪を行なった。これは旧約聖書の創世記において、エバがアダムを誘惑し、堕落させたのと同様である。その償いをさせなければならない。

こうした考えのもと、旧統一教会は日本国内で信者を増やし、莫大な献金をさせ、韓国に送金させました。旧統一教会は旧統一教会なりの理屈で、日本から多額の金をむしり取ることによって、戦後の日韓関係を清算しようとしたのです。

合同結婚式では、多くの日本人女性が韓国に行って結婚しています。教祖の「祝福を受けてカップルになりなさい」という指示により、まったく知らない韓国人男性と結婚させられるのです。旧統一教会にしてみれば、いわゆる従軍慰安婦に対する意趣返しです。日本は朝鮮半島を統治していた時代、多数の韓国人慰安婦を日本兵の性の慰みものにしました。その償いをさせるため、日本人女性を韓国に連れてきて韓国人男性と結婚させているというのです。旧統一教会の問題は、戦後の日韓関係を反映していると考えられるのです。

日韓の棘「慰安婦問題」

日本では韓国のアイドルや食文化が大人気です。韓国人にとっても日本は人気の旅行先です。

しかし、政治的には日韓関係はいつも問題を抱え、緊張関係にあります。日本と韓国が普通の関係になれない理由のひとつが、いわゆる「従軍慰安婦問題」です。日韓関係に突き刺さった棘《とげ》のような存在です。

もともと「従軍慰安婦」という言葉が戦時中にあったわけではありません。戦後に本のタイトルになったことで広まりました。また、韓国では「女子挺身隊」との混同による誤解もみられます。女子挺身隊とは戦争に協力するために働いた女性たちです。軍需工場で働いたり、戦争に協力するための活動に参加したりしていました。日本国内にも存在していました。

韓国では女子挺身隊に動員されると慰安婦にされるという誤解が定着してしまっています。女子挺身隊と慰安婦はまったく別物であり、混同すべきではありません。

とはいえ、日本統治下の朝鮮半島や日中戦争当時の中国大陸に慰安婦が存在していたことは事実です。

戦場では悲しいことですが、洋の東西を問わず、戦争では兵士による性暴力が頻発します。日中戦争で大陸に赴いた日本兵にもこうした行為がみられました。

これにより現地の反日感情が高まったため、導入されたのが慰安婦制度です。兵士の性欲を解消するために慰安婦を利用することが奨励され、一般女性に手を出すことが禁止されました。しかし、慰安婦が制度として設けられたため、日本軍の組織的な関与が疑われることとなりました。

たとえばベトナム戦争で五〇万人のアメリカ軍が駐留した際も慰安婦施設が設けられましたが、こちらは民間による運営であり、アメリカ軍や国家とは関係ありませんでした。しかし、日本軍の慰安婦については国家の責任であるとして問題視されました。

基地がある場所に慰安婦の施設が作られれば、日本軍の将校や兵士たちはそこを利用します。慰安所の存在が周知されていたことは明らかです。しかしこの施設が日本軍によって運営されていたのか、日本軍が強制的に韓国の女性を連れてきて慰安婦にさせたのか、現在も大きな問題となっています。

慰安婦問題については様々な調査が行なわれましたが、国家あるいは軍が関与したという証拠は見つかっていません。証拠が終戦後に焼かれてしまったために確認できなかった可能性もありますが。

慰安婦問題が広まったきっかけが「吉田証言」です。吉田清治《せいじ》という日本人が、朝鮮半島で女性たちを強制的に慰安婦にしたと証言し、韓国各地で謝罪をして回ったのです。

当時の日本の新聞でも大きく報じられましたが、後に虚言癖のある人物だとわかりました。彼は自らが行なったことを誇張したり、嘘をついたりしていたため、証言の信ぴょう性に疑問が持たれるようになりました。しかし、皮肉なことに彼の話こそが、日本軍が慰安婦を強制的に連行したという説を広めてしまったのです。

実際にはまったくの嘘であると後に判明しましたが、彼が韓国南部の済州島《チェジュ》で「慰安婦狩り」を行なったという話が広まりました。日本のメディアが調べたところ、済州島の住民たちが「そんなことがあったら我々が許すはずがない。日本人が韓国の女性を連れ去ることなどありえない」と反発したため、この話が嘘だと判明しました。

しかし、実際に慰安婦は存在していました。その多くは日本人でした。彼女たちは日本国内からの募集に応じて、朝鮮半島で慰安婦として働くことを余儀なくされたのです。

一方で、朝鮮半島出身の慰安婦も存在しました。貧しい家庭出身の女性たちが、親によって慰安婦にされた例もあります。

韓国では日本が慰安婦問題についてまったく謝罪を行なっていないかのような印象が広まっていますが、日本政府は慰安婦制度について謝罪しています。

一九九三年、当時の河野洋平官房長官は、この制度が韓国の人々に苦痛を与えたことを謝罪しました。これを「河野談話」と呼んでいます。日本軍が組織的に関与したかどうかは明確ではありませんが、日本政府が韓国の人々に謝罪した事実に変わりはありません。

ウクライナの女性たちが徹底抗戦する理由

慰安婦という存在は残念ながら戦争につきものであり、多くの戦場で慰安所が設けられています。しかし唯一、慰安所を設けなかった軍隊があります。それが旧ソ連軍でした。ソ連軍は慰安所を設けない代わりに、攻略した地域の女性たちを強姦することで性的欲求を満たしていました。この行為は国家や軍によって認められていました。

たとえば、第二次世界大戦中、ドイツ占領下のポーランドやチェコスロバキアに攻め入り、ドイツ軍を駆逐《くちく》することに成功したソ連軍の兵士たちは、占領地域の女性たちを強姦しました。

当時、ポーランド駐留のソ連軍の将校がスターリンに相談したところ、「兵士たちにも娯楽が必要だ。自由にやればいい」と答えたといいます。このようにソ連軍は慰安所を設けることなく、占領地の一般女性たちによって兵士たちの欲求を満たしていたのです。

ポーランドやチェコスロバキア、東ドイツはソ連に占領され、その後もソ連の影響下にある国となりました。そのため、女性たちは声を上げることができませんでした。ソ連が崩壊した後、ようやく実態が明らかにされたのです。

ソ連軍が来ると女性たちが強姦されることは非常によく知られていたため、たとえば一九四五年八月九日、ソ連軍が満州やサハリンに入ってくると、南サハリンにいた電話交換手の女性たちが、ソ連軍に襲われるのを避けるため、全員服毒自殺するという悲劇が起こりました。

朝鮮半島北部にソ連軍が侵攻すると、日本人女性も被害にあうようになりました。女性たちは身を守るため、髪を刈り、顔を黒く塗って男装して逃げることもありました。最近では『ソ連兵に差し出された娘たち』（平井美帆著　集英社）というノンフィクションで、他の女性を守るために自己犠牲になった女性たちのことが明らかにされています。

特にサハリンでは多くの女性たちがソ連軍兵士に強姦され、妊娠してしまうという悲惨な状況もありました。しかし、暴行されたこと自体が恥ずべきこととされ、多くの女性たちはそれを隠していたため、被害の実態はほとんど知られていませんでした。

ロシアのウクライナ侵攻以降、ウクライナの女性たちが暴力を受けているという報告が相次いでいます。特に大量虐殺が行なわれたブチャでは、女性たちが強姦された後に殺されました。プーチン大統領が、虐殺を行なった部隊を英雄として表彰したことが国際的に非難されています。

戦争が起きると、女性たちは性的な被害を受けることになります。この性的被害は、戦争そのものが悪いということだけではなく、女性たちが常に弱い立場にあるために起こる問題です。アフリカでの内戦に伴いＰＫＯ部隊が派遣されていますが、ＰＫＯ部隊の兵士たちが現地の女性たちを暴行するという事態が頻繁に起こっています。

こうした戦時性暴力の問題は近年ようやく注目されるようになりましたが、解決への道のりは遠いのが現状です。

日本もかつて朝鮮半島や中国大陸で同様の行為を行ないました。終戦後、アメリカ軍が進駐すると、日本政府はまずアメリカ兵のための慰安所を設置するため、新聞広告まで出して慰安婦を募集しました。アメリカ兵が日本の女性に対して同様の行為を行なうことを予想し、それを防ぐために慰安所を作ったのです。

ロシアの侵攻を受けたウクライナが徹底的に抵抗していることについて「降伏すれば被害が少なくなるから降伏すべきだ」と言う人もいますが、占領されれば性的暴行の被害を受けることが確実視されている女性たちは、死に物狂いで抵抗しています。多くの女性たちはウクライナから逃げ出すしかないと考えています。このように、ウクライナの人々が抵抗する理由には深刻な背景があることを知っておく必要があります。

「韓国併合」の評価めぐり対立

「韓国併合」は〝合法的〟に行なわれた

慰安婦問題がいまなお日韓関係の妨げとなっているのは「すでに解決されている」「まだ解決されていない」という異なる見方があるからです。この対立に深く関わっているのが一九六五年に結ばれた日韓基本条約です。

日本が朝鮮半島から撤退した後、朝鮮半島には大韓民国と朝鮮民主主義人民共和国が誕生しましたが、日本は両国を国家として承認していませんでした。しかし、少なくとも大韓民国はアメリカの同盟国であり、また資本主義国であることから、国交を結ぶことが必要となりました。

国交がないため問題も生じていました。一九五二年、当時の李承晩《イスンマン》大統領は韓国の主権の及ぶ水域を示すため、日本海に境界線を引きました。韓国では「平和線」、日本では「李承晩《イスンマン》ライン」と呼ばれました。この境界線の内側には、韓国が実効支配を続けている竹島（韓国名は独島《トクト》）も含まれています。

この海域は豊かな漁場であり、多くの日本漁船が漁をしていました。

韓国は平和線内に入った日本漁船を領海侵犯として捕えました。一九五二年から一九六五年の間に日本の漁民三九二九人が拿捕《だほ》されました。逃げようとした日本の漁船員が銃殺されるという事件も発生しました。しかし、日本と韓国の間には国交が結ばれていないため、この問題を解決するための交渉さえできませんでした。こうした状況を打開するためにも、国交交渉の必要性が高まっていたのです。

国交を結ぶにあたって平和条約の締結が議論される中で、韓国は日本の支配に対する損害賠償を求めました。しかし、日本はこれを認めませんでした。確かに日本は敗戦後、戦争で被害を受けた多くの国々に対して戦時賠償金を支払っています。これらは敗戦国として、戦勝国に対して支払ったものです。日本は韓国を合法的に併合したため、そもそも交戦しておらず、賠償を行なう理由がないというのが日本側の立場です。

日本による「韓国併合」はどのように行なわれたのでしょう?

一九〇四年から一九〇七年にかけて、日本は韓国（大韓帝国、李氏朝鮮）との間に三つの日韓協約を締結しました。これにより韓国は外交権を日本に譲渡し、保護国となりました。つまり独立国としての地位を失いました。

そして、一九一〇年、日本と韓国は韓国併合条約（韓国併合に関する条約）を結びました。大韓帝国の皇帝が統治権を日本に譲渡し、日本の天皇がこれを受諾するという形で、韓国は日本に正式に併合されました。大韓帝国という国はなくなり、日本と完全にひとつになったのです。

この「韓国併合」は軍事力などにより強制されたものではなく、国際法上、合法的に行なわれたというのが日本の立場です。一方、現在の韓国では併合は強制的なものだったと受け止められています。特に一九〇五年の第二次日韓協約は、韓国政府の閣僚会議に伊藤博文特派大使が乗り込み、日本の憲兵隊が包囲する中で調印されました。

さらに現在の韓国では「日本と戦った」という歴史認識が広まっています。韓国の憲法は、日本が朝鮮半島を統治していた際、上海に樹立された大韓民国臨時政府が日本と戦っていたことを前提とした表現になっているのです。現在の韓国政府は、その法的な継承国家として、日本に対して賠償金を要求する権利があるというわけです。

実際には、大韓民国臨時政府は中華民国（中国国民党）の保護下にあり、中華民国からの支援金で成立していたに過ぎません。日本政府からも、アメリカを含む連合国からも国家として認められていないため、有名無実の存在です。軍隊を持っていたとされますが、実際に日本軍と戦ったことはありません。

韓国側がこうした歴史認識にもとづいて損害賠償を要求したのに対し、日本も没収された財産の返還を要求しました。日本は朝鮮半島を三十六年間にわたって統治し、その間に工場や住宅などを多数建設しました。これらは本来、日本人の財産ですが、終戦によって朝鮮半島に残されました。後にアメリカに接収され、韓国に引き渡されたこれらの財産は強制的に奪われたものであり、返還されるべきだという理屈です。もっとも、本気で返還を求めたというより、韓国側からの賠償と相殺しようという意図でしょう。

こうして日韓は真っ向から対立し、交渉は難航します。火に油を注いだのが「久保田発言」です。一九五三年、日韓交渉の日本側首席代表の久保田貫一郎が、日本の統治は韓国に貢献したと主張した発言です。具体的には「日本は朝鮮の鉄道や港を作ったり、農地を造成したりした。大蔵省（現在の財務省）は多い年で二〇〇〇万円も持ち出していた」という内容です。これに対して韓国側は日本の利益のために投資したに過ぎないと激しく反発。韓国では「久保田妄言」と呼ばれます。

この「日本はいいこともした」「韓国の発展は日本のおかげ」という主張は、いまに至るまでたびたび日本の政治家の口から飛び出し、そのたびに日韓関係は紛糾します。

「玉虫色」の日韓基本条約

久保田発言の結果、日韓基本条約に向けた議論はいったん決裂しましたが、韓国国内の政変によって動き出します。

一九六一年、朴正煕《パクチョンヒ》がクーデターで政権を奪取。韓国を発展させるためには日本との関係を正常化し、投資を呼び込む必要があるという考えから、一九六五年、日韓基本条約（日本国と大韓民国との間の基本関係に関する条約）を締結しました。朴正煕大統領は日本の陸軍士官学校出身の親日派でした。

国際条約には締結にあたった国々それぞれの言語で正式な原本が存在するのが一般的です。しかし、日韓基本条約では、条約本文が日本語・韓国語・英語の三カ国語で作成され、もし解釈に相違が生じた場合は英語版にもとづいて判断するという異例の形になりました。日韓の主張の対立が最後まで解消されなかったため、双方が都合よく解釈できるように、日本語版と韓国語版に「玉虫色」の表現が盛り込まれたからです。

たとえば、日韓基本条約では、一九一〇年の韓国併合条約は無効であると双方が確認することで合意しました。日本としては、韓国併合条約が無効であれば、朝鮮半島を不法に統治したことになってしまうため認められません。そこで「当時は合法であったけれど、現在は無効になった」と解釈します。そうすれば韓国併合が合法であるという主張を曲げずにすみます。一方、韓国は同じ条文を「そもそも韓国併合条約は無効だったと確認された」と解釈しました。

根本的な対立は何も解決されていませんが、とにかく形式上は合意に至り、日韓の国交は正常化されました。

日韓基本条約と同時に日韓請求権協定が結ばれ、お互いに賠償金の請求権を放棄することで合意しました。

日本側はこの協定の締結に合わせて、当時の金額で三億ドルを韓国側に無償供与したのに加え、二億ドルを低利で融資しました。さらに民間企業も三億ドルの資金協力を行ないました。たとえば、いまの日本製鉄の援助により、韓国にPOSCOという製鉄会社が生まれました。現在では日本製鉄のライバルとなるほどの世界的な企業へと成長を遂げています。

朴正煕大統領は、こうした資金を友人・知人の企業経営者たちに提供し、財閥を形成しました。日本からの資金により韓国は大きく発展しました。一九六五年に約三〇億ドルだったＧＤＰ（国内総生産）は十年後、約二一四億ドルへと急成長を遂げたのです。

日韓基本条約と同様、こちらもまた立場によって見え方の異なる「玉虫色」の協定となりました。韓国側は日本が提供した資金を賠償と受け止めました。一方、日本側の名目は「韓国独立のお祝い金」「経済援助」でした。双方が都合の良い解釈を行なったのです。


日韓請求権協定によって、両国の請求権に関する問題は完全かつ最終的に解決されたと確認されました。韓国があらためて賠償を求めたり、日本が財産の返還を求めたりすることは金輪際ないとされました。また、当時問題になった徴用工《ちょうようこう》の損害賠償についても、この協定で解決済みとされます。

徴用工とは、戦時中、朝鮮半島から日本の工場や炭鉱などに労働力として動員された人たちです。韓国側は植民地支配下での強制動員の被害者と位置づけ、日本企業に対して損害賠償を求める訴訟を起こしました。日韓請求権協定を受け、朴正熙大統領は、日本が提供した三億ドルの中から、徴用工に未払いとされた給与を支払いました。

日韓基本条約と日韓請求権協定によって、日本は韓国統治時代に関わる問題についての責任をすべて果たした。残りの問題は韓国政府が解決すべきというのが日本の立場です。

日韓基本条約の調印にあたって、日本政府から反省や謝罪の言葉はありませんでしたが、後に日本政府は韓国に謝罪を行なっています。たとえば、一九九八年、小渕恵三《けいぞう》首相と金大中《キムデジュン》大統領は日韓共同宣言を発表しました。その中に小渕首相が「植民地支配により多大な損害と苦痛を与えたという事実を謙虚に受けとめ、これに対し、痛切な反省と心からのお詫びを述べた」と記されています。

改めて「慰安婦問題日韓合意」が発表された

日韓基本条約に向けた議論の中では、慰安婦問題はまったく取り上げられていませんでした。元慰安婦自身にとって不名誉なことであり、触れられたくない人たちが多かったからです。

しかし、一九九一年、元慰安婦が初めて実名で名乗り出ました。これを機に、日本が元慰安婦に対して賠償金を支払うべきだという議論が韓国で起こりました。

日本側は「日韓請求権協定ですべて解決している」という立場から、慰安婦に対する賠償金は、すでに日本が韓国に提供した資金から支払うべきだと主張しています。

この問題はたびたび再燃します。たとえば、村山内閣時代にも、韓国側から日本に対して賠償を求める動きがありました。

日本政府としては、日韓基本条約あるいは日韓請求権協定で解決済みの問題のため、賠償金を支払う筋合いはありません。しかし、元慰安婦の人々が辛い思いをしている事実は認め、民間の善意による償い金を支払う仕組みをつくりました。これが「女性のためのアジア平和国民基金」（アジア女性基金）という財団法人です。

アジア女性基金は民間企業などからの寄付を募り、韓国・台湾・オランダ・フィリピンなどの元慰安婦二八五人に対し、一人あたり二〇〇万円の償い金を支払いました。

オランダ人というのは、日本がインドネシアを占領していた際、捕虜として捕えたオランダ人女性のことです。これに関しては日本軍が組織的に慰安婦にした証拠が残っています。戦後しばらくオランダが反日国家だったのはこうした歴史のためです。

しかし、二〇〇〇年、いまの上皇・上皇后陛下がオランダを訪問し、戦没者記念碑に参拝するなど、謝罪の旅を行なって以降、反日感情は急速に薄れました。

アジア女性基金が償い金を支払う際には、必ず歴代の総理大臣からお詫びの手紙が添えられていました。村山富市、小泉純一郎などもこうした手紙を元慰安婦に届けています。

ところが韓国には、アジア女性基金による償い金を認めない慰安婦支援団体があります。国家として謝罪し、国家が賠償金を支払ったわけではないから認められないという主張です。こうした団体は元慰安婦に対して、償い金を受け取らないように働きかけました。

元慰安婦の中にも「総理大臣の謝罪の手紙まで受け取ったのだから、これで終わりにしよう」と言う人がいる一方で、「国家として謝罪しないのは許せない。徹底的に戦うべきだ」と償い金の受け取りを拒否する人もいます。この団体は「日本からの二〇〇万円を拒否すれば三〇〇万円をあげますよ」という形で、償い金拒否運動を広げようとしました。

ソウルの日本大使館前には「慰安婦像」と呼ばれる少女像が設置されています。私もこの慰安婦像を訪れ、韓国の若者が集まって「日本は謝罪しろ。償いをしろ」と訴える姿を目の当たりにしたことがあります。

動員された女子高校生たちに「日本の総理大臣が元慰安婦たちに謝罪の手紙を届けていることを知っている？」と問いかけたところ、知らないという返事が返ってきました。アジア女性基金という組織があり、償い金を渡していることも知りませんでした。事実を知らないまま、とにかく「日本はけしからん」と反対運動をしている人たちが大勢いるのです。

一方、驚いたのは「すでに日韓基本条約でお金が渡されているのだから、そのお金を元慰安婦に払うべきだ」という運動をしている人たちがいることです。

つまり、いまの韓国には「日本の責任をあくまで追及すべき」という人たちと「日本はすでに責任を果たしているのだから、あとは韓国国内の問題だ」と主張する人たち、両方がいます。

慰安婦問題が大きく動いたのは朴槿恵《パククネ》大統領の時代です。二〇一五年、問題の「最終的かつ不可逆的な解決」をうたった「慰安婦問題日韓合意」が発表されました。

日本側は従来どおり、この問題は請求権協定で解決済みであるという立場から、国として支払うわけにはいかないと主張しました。そこで日韓合意に基づいて「和解・癒やし財団」を韓国に設立。ここに一〇億円を拠出し、財団が元慰安婦を支援するという枠組みを作りました。

しかし、やはり韓国側には支給金の受け取りに反対する人がいます。日本側は完全に解決したという立場をとりますが、韓国側からは、まだ納得できないという声が上がっています。日本は条約を守ることが重要だと考えていますが、韓国には正義が貫かれなければ約束は無効であると主張する人もいます。

慰安婦問題日韓合意からわずか二年後、次の文在寅《ムンジェイン》大統領は、合意に批判的な発言をたびたびしていました。日韓関係は冷え込みましたが、歴代大統領の中でも高い支持率を維持したまま任期を終えました。

韓国の大統領は、支持率が落ちると「反日」を利用して盛り返そうとする傾向があります。二〇〇八年に就任した李明博《イミョンバク》大統領は大阪出身で、当初は日本重視の方針を打ち出しましたが、二〇一二年には歴代大統領として初めて自ら竹島に上陸し、過去の日本の行為について天皇が謝罪すべきだなどと発言しました。これによって支持率が一時的に回復したことを考えると、日韓が普通の関係になることは容易ではなさそうです。

在日韓国人・朝鮮人の地位が定まった

戦時中、朝鮮半島から日本に移り住んだ人々は二〇〇万人を超えます。敗戦後、朝鮮半島に戻った人たちもいましたが、日本に生活の基盤がある人などは、そのまま日本にとどまりました。しかし、一九五二年のサンフランシスコ講和条約発効によって日本国籍を失い、非常に不安定な身分となりました。

朝鮮半島出身者は外国人とみなされ、外国人登録証の携行を義務づけられました。その国籍欄には当初「朝鮮」と記されていました。

日韓基本条約が締結されると、国交のある韓国だけが国籍として認められるようになりました。これにより外国人登録証の国籍を「大韓民国」と書き換えた人たちは「在日韓国人」、「朝鮮」のままの人は「在日朝鮮人」と呼ばれるようになりました。

在日韓国人・在日朝鮮人とその子どもは永住資格を持ち、日本で暮らすことが認められました。義務教育や生活保護も日本人に準じ、国民健康保険への加入も認められています。日韓基本条約によって、在日韓国人・朝鮮人の法的な地位が定められたのです。一九九一年には出入国管理特例法が施行され、在日韓国人・朝鮮人本人と子孫は特別永住者とされ、「特別永住権」が認められるようになりました。

現在、在日韓国人・朝鮮人はすでに五世、六世の世代。日本に帰化し、日本国籍を取得する人も増えています。

北朝鮮への賠償問題はまだ解決していない

日韓基本条約により日本は韓国との国交を正常化しましたが、北朝鮮との関係は手つかずのままでした。この問題に取り組んだのが小泉内閣でした。

二〇〇二年、小泉純一郎首相が北朝鮮を訪問し、金正日《キムジョンイル》国防委員長とともに「日朝平壌《ピョンヤン》宣言」に署名。国交正常化交渉を始めることに合意しました。

この宣言には「日本側は、過去の植民地支配によって、朝鮮の人々に多大の損害と苦痛を与えたという歴史の事実を謙虚に受け止め、痛切な反省と心からのお詫びの気持ちを表明した」と記されました。明らかに一九九八年の小渕発言を下敷きにしています。日本は国交正常化の交渉を始めるにあたり、韓国にしたのと同様、北朝鮮に対しても過去の植民地支配を謝罪したのです。

こうした基本的な現代史の事実はきちんと知っておいたほうがいいでしょう。

現代史を学んでいない日本の若者が留学先で韓国や中国の学生と歴史について話すことになった時、「日本は過去の植民地支配を謝罪していない。賠償金も支払っていない」と一方的に主張されても、知識がないため反論できません。韓国人留学生から日本が過去に行なった行為を初めて知らされ、ショックを受けて泣き出してしまった日本人留学生がいるそうです。

実際は日本は韓国にも北朝鮮にも謝罪をしています。日本は条約を守るという立場と、元慰安婦たちに償いをしたいという姿勢を両立させるために、「アジア女性基金」を設立し、日韓合意に基づいて設立した「和解・癒やし財団」という枠組みまで作ってお金を出しました。そういう努力は認めてもいいんじゃないかと、現代史を学んでいれば反論できるのです。

日本と中国の間にも同様の認識の違いがあります。田中角栄が日中国交正常化を実現した際、日本側は日中戦争で中国に与えた被害に対して、賠償金を支払おうとしました。しかし、中国の毛沢東や周恩来は「日本の人民にそんな負担をかけるわけにはいかない」と損害賠償を請求しませんでした。背景には、日本が台湾との間に結んだ「日華平和条約」があります。台湾側の蔣介石は日本に対する賠償請求を放棄していたのです。だから中国が賠償請求するわけにはいかないという政治的な判断もあったのでしょう。

こうした経緯を知らされていない中国の若者は、「日本は日中戦争の責任をとっていない。賠償金も支払っていない」と主張します。実際は、中国側から要らないと言われ、支払うわけにはいかなかったのです。そこで日本は歴史的な責任を果たすため、ODA（政府開発援助）という形で中国に支援を続けてきました。

たとえば北京首都国際空港。羽田空港や成田空港よりはるかに立派な空港ですが、日本の援助で造られたことを知っている人がどれくらいいるでしょうか。

空港が造られた当初、中国側は日本の援助で造られたことをアピールしませんでした。日本側が強く要求して初めて、「日本の援助で造られた」という銘板を設置しました。しかし、その銘板もいまでは目立たないところに移されてしまいました。これでは中国の人々は事実を知りようがありません。

その後、中国は経済発展を遂げました。二〇〇八年には北京オリンピックが開催され、アフリカなどに莫大な援助を行なうまでになっています。すでに援助を必要とする国でなくなったという認識から、北京オリンピックを契機に新規の援助は行なわれなくなりました。

話を北朝鮮との国交交渉に戻しましょう。

二〇〇二年の日朝首脳会談は大きな一歩でした。この際、北朝鮮が日本人拉致事件を認めたまではよかったのですが、その後、拉致事件の解決が一向に進まないことから、国交正常化交渉は停滞しています。

仮に日本が北朝鮮と平和条約を結び、国交正常化を実現することになったとしたら、韓国のときと同様、何らかの損害賠償を求められることになるでしょう。一九六五年に韓国に提供した八億ドルは、現在の貨幣価値ではざっと一〇〇兆円といわれています。

そんな巨額の賠償金を日本は支払うことができるのでしょうか。現在の北朝鮮に支払えば、間違いなく核開発やミサイル開発に使われてしまいます。それは許されないことでしょう。

日本と朝鮮半島の間には、まだ解決していない大問題が横たわっています。お隣りの国との関係に、こうした現実があるということは知っておくべきでしょう。

日本を守るのは自衛隊？　米軍？

米軍は尖閣諸島を守ってくれる？

二〇二二年二月のロシアによるウクライナへの軍事侵攻以来、日本周辺の緊張も一気に高まっています。ロシアはもちろん、頻繁に弾道ミサイルを発射する北朝鮮、沖縄県の尖閣諸島を自国の領土と主張し、領空接近・領海侵入を繰り返す中国、いずれも核兵器の保有国です。

特に尖閣諸島周辺では中国海警局（海上保安庁に該当）の船舶による領海侵入が常態化。日本漁船を追尾するなどの嫌がらせも相次いでいます。

尖閣諸島周辺で海警局の船舶が確認された日数は、二〇二二年には過去最高の年間三三六日に達しました。うち領海侵入は三七日に上ります。

二〇二三年三月から四月にかけて、八十時間以上にわたって日本領海に居座ったこともあります。

中国の習近平国家主席は独裁体制を確立し、台湾併合を狙っています。二〇二二年と二〇二三年には台湾を取り囲む形で軍事演習を行ないました。演習で発射された弾道ミサイルは台湾上空を通過し、日本の排他的経済水域内にも落下しました。中国が台湾に武力侵攻する台湾有事が起これば、日本が巻き込まれる可能性もあります。

仮に他国の脅威にさらされた場合、日本の安全はどのように守られるのでしょうか。

日本とアメリカは「日米安全保障条約」にもとづく軍事同盟を結んでいます。だから、日本が武力攻撃を受けたら、アメリカが守ってくれる。そう思っている人が多いかもしれません。

しかし、アメリカが日本の代わりに戦ってくれるわけではありません。日本が攻撃された場合、まず日本の自衛隊が戦います。これにアメリカが協力するというのが日米同盟の基本的な考え方です。

日米安全保障条約の第五条にはこう記されています。

「各締約国は、日本国の施政の下にある領域における、いずれか一方に対する武力攻撃が、自国の平和及び安全を危うくするものであることを認め、自国の憲法上の規定及び手続に従つて共通の危険に対処するように行動することを宣言する」

つまり、日本が武力攻撃を受けた場合、または、在日米軍が武力攻撃を受けた場合、「自国の憲法上の規定及び手続に従つて」行動するということです。尖閣諸島は「日本国の施政の下にある領域」ですから、日米安全保障条約が適用される地域だとアメリカは何度もコメントしています。

では、アメリカの「憲法上の規定」とは何でしょう？

アメリカ大統領は米軍の最高司令官ですが、憲法が定めた手続きでは、戦争をするかどうかは連邦議会が決めることになっています。日本が攻撃されても、議会が承認しなければ、派兵はせず、武器や医薬品の支援にとどまるかもしれません。議会は世論の動向に左右されるため、兵士の命を犠牲にするような判断はしない可能性があります。少なくとも日本が攻撃されたからといって、自動的にアメリカ軍が出動し、代わりに戦ってくれるというわけではありません。この仕組みは知っておく必要があるでしょう。

では、台湾有事のように、日本に近いものの、領土・領海以外のところで米軍が攻撃を受けた場合はどうでしょう？

日本政府が「存立危機事態」と認定すれば、自衛隊は米軍に協力して戦うことができます。安倍政権が行なった法整備によって可能になりました。「存立危機事態」には非常に厳しい定義がありますが、日本国民の命が危険にさらされるような事態になれば、自衛隊は米軍に協力して武力を行使できます。

こうした安全保障の仕組みがどのようにできあがったのか？　自衛隊の成り立ちから振り返ってみましょう。

軍隊のようで、軍隊でない自衛隊

戦後、日本を占領したＧＨＱ（連合国軍総司令部）は日本を二度と戦争を起こさない国家に作り直すことを目指しました。日本国憲法第九条には「戦争の放棄」「戦力の不保持」「交戦権の否認」が盛り込まれました。軍は解体され、日本が独自に軍隊に相当する組織を持つことはありませんでした。代わりに治安の維持にあたったのはアメリカ軍と日本の警察です。

しかし、一九五〇年六月、朝鮮戦争が勃発。韓国軍を支援するため、日本に駐留していた米軍七万五〇〇〇人が朝鮮半島に送られました。当時、ほとんどの米軍部隊は韓国から撤退していたからです。戦車もまったくありませんでした。山がちな朝鮮半島では役に立たないと考え、引き上げてしまったのです。そこに北朝鮮が戦車で攻め込んできたため、韓国軍は太刀打ちできず、あっという間にソウルが陥落してしまいました。

このように緊迫した情勢だったため、アメリカ本土から派兵する猶予はなく、日本にいた米軍を急遽、韓国に投入することになったのです。

その結果、日本国内には軍隊が存在しない状態になりました。アメリカはこれに危機感を抱きます。東西冷戦の真っ只中であり、ソ連の侵攻が懸念されたからです。さらに日本で社会主義勢力が革命を起こす恐れもありました。

そこで一九五〇年七月、GHQのマッカーサー司令官は吉田茂首相に対し「七万五〇〇〇人の『ナショナル・ポリス・リザーブ』の設立、海上保安庁の職員八〇〇〇人の増員を許可する」という書簡を送りました。日本側は何も希望していないのに「許可する」というのは、つまり命令ということですね。アメリカはソ連の侵略を防ぎ、革命を制圧する組織を日本に設けたかったのです。

マッカーサー司令官は日本が憲法により軍隊を持てないことを熟知していたため、軍隊ではなく「ポリス・リザーブ」と呼びました。これを日本側では「警察予備隊」と名づけました。軍隊ではなく、警察と「呼びたい」。このダジャレのようなネーミングの組織が自衛隊の原型です。

あくまで警察という建前ですから、軍隊の階級は使いません。大佐を「一等警察正」、中佐を「二等警察正」、少佐を「警察士長」などと呼びました。「歩兵」「工兵」ではなく「普通科」「施設科」、「戦車」ではなく「特車」と言い換えました。

その後、組織の再編・拡充が行なわれ、一九五四年には陸上自衛隊・海上自衛隊・航空自衛隊が揃ったいまの自衛隊ができあがります。現在では自衛官約二三万人からなる世界でも有数の軍隊並みの組織に成長しています。

しかし、あくまで軍隊ではないという建前は変わりません。「軍事費」ではなく「防衛費」、「爆撃機」ではなく「対地支援戦闘機」と呼ばなければなりません。

ただ、このきわめて政治的な建前は、自衛隊が活躍する海外の現場では理解されにくいようです。

二〇一一年、私はアフリカ北東部のジブチで自衛隊の活動を取材しました。ソマリア沖のアデン湾では、スエズ運河に向かうタンカーや貨物船を狙う海賊が頻繁に出没していました。

船舶の安全を守るために世界各国から軍艦が派遣されているアデン湾に、自衛隊も国際協力の一環として護衛艦や対潜哨戒機Ｐ３Ｃを配備していました。上空から不審な船舶を監視し、タンカーに乗り移るためのハシゴなどが積んであるのを発見すると、近くにいる日本の護衛艦あるいは他国の軍艦に連絡。軍艦が急行して海賊を捕えたり、追い払ったりしています。

海上自衛隊の護衛艦がパトロール中に直接、海賊の船を見つけた場合は、スピーカーでアナウンスして追い払います。英語とアラビア語、ソマリ語、スワヒリ語でアナウンスするのですが、その英語の文章を見て驚きました。「This is Japan Navy」。つまり「日本海軍である」とアナウンスしているのです。

「『海軍』でいいんですか？」と現地で聞いたところ、自衛隊の人は「海賊に『This is Japan Self Defense Force』と言っても通用しませんよ。『Japan Navy』と言えばすぐ逃げていきます」と言っていました。日本国内と「現場」ではかなり事情が違いますね。

自衛隊は戦闘行為をしてはいけないことになっているので、海賊と銃撃戦などはできません。その代わり、非殺傷兵器で海賊を追い払います。たとえば、きわめて指向性の高い「長距離音響発生装置」。何キロも離れた相手に向けて、耳をつんざくような不快な音を浴びせて追い払うのです。軍隊でないという縛りのもとで、苦労して国際貢献しています。

このように、自衛隊は一見軍隊にしか見えなくても、日本政府は一貫して軍隊ではないと主張する不思議な存在となっています。

もともとが曖昧な存在ですから、その時どきの政府次第で解釈が変わったりもします。

日本政府は、自衛権にもとづく自衛のための必要最小限の実力は憲法が禁じた戦力にはあたらないとしています。従って自衛隊を持つことは合憲であり、「必要最小限の実力」であれば、情勢によっては核兵器の保有も認められるというのが歴代政府の見解です。政府の見解によってどうにでもなるのですから、もちろん異論もあります。「自衛隊の存在そのものが憲法違反ではないか?」という裁判も起こされています。

自衛隊と集団的自衛権

自衛隊は憲法違反？　最高裁の判断は……

自衛隊が憲法違反ではないかという解釈が生じる理由は、憲法の条文にあります。一九四六年六月、日本国憲法制定の過程で衆議院に提出された案では、第九条は当初このようになっていました。

第九条
国の主権の発動たる戦争と、武力による威嚇又は武力の行使は、他国との間の紛争の解決の手段としては、永久にこれを抛棄《ほうき》する。

第二項　陸海空軍その他の戦力は、これを保持してはならない。国の交戦権は、これを認めない。

しかし、芦田均《あしだひとし》が委員長を務める衆議院帝国憲法改正案特別委員会小委員会で修正が加えられました。

第一項の冒頭に「日本国民は、正義と秩序を基調とする国際平和を誠実に希求し」が、第二項の冒頭に「前項の目的を達するため」が付加されたのです。「芦田修正」と呼ばれます。その結果、現在の第九条が完成しました。

第九条
日本国民は、正義と秩序を基調とする国際平和を誠実に希求し、国権の発動たる戦争と、武力による威嚇又は武力の行使は、国際紛争を解決する手段としては、永久にこれを放棄する。
第二項　前項の目的を達するため、陸海空軍その他の戦力は、これを保持しない。国の交戦権は、これを認めない。

つまり「他国との間の紛争の解決の手段としては」戦力を放棄したが、自国を守るための実力であれば保持してもいい。だから自衛のための自衛隊であれば憲法に則《のっと》っている。こう解釈できるというのです。

自衛隊が合憲か違憲か、裁判になったこともあります。

一九六九年、北海道長沼町に自衛隊のミサイル基地を建設する計画をめぐり、地元住民が「自衛隊は憲法違反の存在だ」として裁判を起こしたのです。

一九七三年、札幌地裁は自衛隊を「憲法第九条が保持を禁止している戦力」にあたると判断を下しました。

これに対して国は控訴。一九七六年、札幌高裁は住民の訴えを退けました。自衛隊の設置は「高度の専門技術的判断とともに、高度の政治的判断を要する最も基本的な政策決定」であり、「統治事項に関する行為であって」「司法審査の対象ではない」という理由です。つまり自衛隊設置の判断は司法ではなく、政治に任せるべきだという理屈です。

その後、最高裁も判断を示さないまま住民の上告を棄却しました。「憲法違反である」とも「憲法違反ではない」とも判断せず、「司法は判断できない」と逃げたのです。

以来、高裁・最高裁が自衛隊の合憲・違憲を判断した例はありません。「警察予備隊」という苦し紛れのネーミングから始まった自衛隊は、合憲・違憲を政治に判断を委ねたまま組織を拡大し、世界情勢の変化に応じて活躍の場を広げてきました。

湾岸戦争が転機に

大きな転機になったのが一九九一年の湾岸戦争です。イラクがクウェートに侵攻。米国を中心とする多国籍軍が反撃してクウェートを解放しました。

湾岸戦争で日本は一三〇億ドル（約一兆八〇〇〇億円）もの資金を多国籍軍に支出しました。アメリカから自衛隊の参加を求められましたが、自衛隊を戦闘に参加させるわけにはいかないため、資金面で貢献しようとしたのです。

解放されたクウェート政府は世界各国の新聞に感謝の広告を掲載しました。しかし、解放に貢献してくれた国々が記されたリストに日本の名はありませんでした。

そこで、「お金だけでなく、人を出さなければ認めてくれない」という世論が高まった結果、一九九二年、「国連平和維持活動協力法」（ＰＫＯ協力法）が成立します。「ＰＫＯ」は「Peace Keeping Operations」。普通に訳すと平和維持「作戦」になりますが、外務省は軍事色を消して「活動」と意訳しました。

同年、カンボジアの再建に向けた国連ＰＫＯに自衛隊が参加しました。百万人以上の自国民を虐殺したポルポト政権が崩壊し、ようやく内戦が終わったカンボジアの停戦を監視する役割でした。

以来、自衛隊は世界各地に派遣されるようになりました。ただし、武力紛争に巻き込まれないように、非戦闘地域にのみ派遣されています。

二〇〇四年、まだ内戦が完全に終結していないイラクに派遣された際も、内戦が起きていないとされた南部地域サマーワが選ばれました。当時の小泉純一郎首相は野党から、非戦闘地域の定義を問われ、「自衛隊が活動している地域が非戦闘地域」と答えました。何の説明にもなっていませんね。「どこが非戦闘地域で、どこが戦闘地域か、いま、私に聞かれたってわかるわけがない」と答弁したこともあります。これほど曖昧な根拠で自衛隊はサマーワに派遣されたのです。

実際のサマーワでの活動がどんな状態だったのか、自衛隊は日報という形で記録して日本に送っていました。

二〇一七年、防衛省は国会で「破棄してしまい、存在しない」と主張しましたが、陸上自衛隊と陸上幕僚監部で見つかり、翌年、存在を確認したと公表されました。

非戦闘地域に派遣されたはずが、宿営地の近くにロケット弾が着弾したり、車列の近くで爆弾が爆発したり、危険な事態がいくつも起きていたことが記されています。

当初、防衛省が「破棄した」と主張したのは、「自衛隊が活動する地域では、戦闘行為は行なわれていない」という政府の見解とつじつまを合わせるため、イラク日報の存在を知られたくなかったからでしょう。

こうして活動の範囲を海外へと広げてきた自衛隊にとって、次の転機になったのが、安倍政権下で認められた「集団的自衛権」です。

二〇一五年、安全保障関連法（平和安全法制整備法）が成立し、「集団的自衛権」の行使が可能になりました。集団的自衛権とは、同盟国が攻撃された場合、自国への攻撃とみなして反撃する権利であり、国際法上も認められています。

歴代政権は「日本は集団的自衛権を保有してはいるものの、憲法の規定のため行使できない」という立場をとってきましたが、安倍内閣は「行使を容認」へと解釈を変更しました。集団的自衛権の行使を容認する人物を、法律と憲法の整合性を判断する内閣法制局の長官に据えることで、従来の解釈を変えてしまいました。

安倍政権は憲法を改正し、自衛隊を国防軍にすることを目指していました。その志は断たれましたが、戦後長らくあいまいなままにされてきた自衛隊の位置づけを日本国民が判断するときは、遠からず、やってくるのではないでしょうか。

米軍が日本に駐留する理由

一九五一年九月八日、日本はサンフランシスコ講和条約に調印し、独立を回復しました。それまでは連合国軍に占領されていたのですが、晴れて独立国として再出発を果たしたのです。しかし、日本に駐留していた米軍は撤退しませんでした。東西冷戦の中、ソ連・中国・北朝鮮といった社会主義国が日本にとって脅威になると考えたからです。

そこで日本が独立した後も米軍が駐留できる仕組みをつくりました。それが「日本国とアメリカ合衆国との間の安全保障条約」、通称「日米安保条約」（旧安保条約）です。

第一条にはこう記されています。

「アメリカ合衆国の陸軍、空軍及び海軍を日本国内及びその附近に配備する権利を、日本国は、許与し、アメリカ合衆国は、これを受諾する。この軍隊は、極東における国際の平和と安全の維持に寄与し、並びに、一又は二以上の外部の国による教唆又は干渉によつて引き起された日本国における大規模の内乱及び騒じようを鎮圧するため日本国政府の明示の要請に応じて与えられる援助を含めて、外部からの武力攻撃に対する日本国の安全に寄与するために使用することができる」

ポイントは、日本が他国から武力攻撃を受けた場合、米軍が必ず守るとは確約していない点です。一方、日本で内乱が起きた場合は、米軍が出動できると記されています。これは「内乱条項」と呼ばれ、米軍が日本国内で日本国民に対して武力を行使できるという恐ろしい内容です。ソ連や中国の影響を受けた社会主義革命運動が激化した場合を想定したものです。

この条約は明らかに不平等であり、改正すべきという議論が当初からありました。実際に不平等をただそうとしたのが岸信介首相です。安倍晋三氏の祖父にあたります。交渉の結果、一九六〇年一月、新しい安保条約「日本国とアメリカ合衆国との間の相互協力及び安全保障条約」が締結されました。こちらがいまも続く日米安保条約です。

新しい安保条約では、問題の内乱条項が削除され、米国が日本を防衛する義務が明確化されました。また、米軍の行動に関して日米政府が事前に協議する枠組みが設けられました。

新安保条約の締結とともに「日米地位協定」も結ばれました。在日米軍基地の設置や、米軍兵士の受ける特権、裁判の方法なども規定されています。

条約が結ばれても、国会で承認（批准）されないと発効しません。かねてから社会党などが反対していましたが、岸内閣は安保条約の批准を衆議院で強行採決。国会に警官隊まで導入されたことから反対運動に火がつきました。

一九六〇年六月十日、いまでいう大統領報道担当補佐官だったジェームズ・ハガチー氏が来日しました。ハガチー補佐官は羽田空港を出たところで、安保反対のデモ隊に囲まれてしまい、米海兵隊のヘリで救出されるという事態になりました。この「ハガチー事件」はアイゼンハワー大統領の来日を控えた中で起きた、日本政府の大失態でした。

安保反対運動の中心となったのは「全学連」（全日本学生自治会総連合）という

大学生の組織でした。当時、全国の大学に学生自治会が組織され、学生は全員が所属していました。政治に対する関心が高く、多くの学生が安保反対デモに参加していました。一九六〇年六月十五日の国会突入計画には八〇〇〇人が集まり、国会内で警官隊と衝突。東大文学部四年の樺《かんば》美智子さんが死亡します。このとき二万人の自衛隊員が治安出動の準備をしていました。

警備に不安を抱えることになった岸内閣は、アイゼンハワー大統領に対して来日延期を要請せざるをえなくなりました。国会は閉会したままでしたが、新安保条約は衆議院で採択されていたため、三十日後に自然承認となりました。これを見届けて岸首相は退陣。こうして新たな日米安保条約が発効し、現在も続く在日米軍駐留の根拠となっています。

日本は在日米軍に土地を提供しているだけではありません。米軍が駐留するのにかかる経費の一部を負担しています。この「在日米軍駐留経費負担」（ホスト・ネーション・サポート）の一部は「思いやり予算」と呼ばれてきました。

一九七〇年代、急速に円高が進んだ際、米軍基地で働く日本人従業員の給料などの負担が問題になりました。円高によってアメリカ側の負担が急増したため、日本が六二億円を負担することになったのです。その際、当時の金丸信《しん》防衛庁長官は、その負担について「思いやりをもって対処する」と国会で答弁。以来「思いやり予算」という通称が定着していましたが、二〇二一年、「同盟強靭化予算」という呼び名が正式なものになりました。

金額は五年ごとに交渉して決めることになっており、二〇二二年度以降の同盟強靭化予算は年平均二一一〇億円と合意されています。

アメリカはなぜ沖縄を支配するのか

沖縄に米軍基地が多い理由

飛行機で沖縄の那覇空港に降りる際、着陸直前に急に低空飛行になります。美しい海が見えるためリゾートに来た人はワクワクするかもしれませんが、決して観光客向けのサービスではありません。那覇空港の上空はアメリカ軍の管制下にあり、戦闘機や爆撃機のための空域なので、日本の民間機はそこを避けるために低空飛行させられているのです。

ちなみに羽田空港でも同様です。西日本方面に向かう民間機は、急上昇した後、機首を西向きに急転回させます。羽田の西側の横田基地上空がアメリカ軍の管制下にあるため、無理な飛び方を強いられているのです。

日本には七七の在日米軍専用施設があります。専用施設とは在日米軍のみによって管理・運営され、日本の法律が適用されない施設です。このうち沖縄県にある施設は三一にのぼります。沖縄県の面積は日本の国土の〇・六％にすぎませんが、米軍専用施設の七〇・三％が沖縄県に集中しています（二〇二三年一月一日現在）。沖縄本島では約一五％が米軍専用施設に占められています。

このように沖縄県に米軍基地が集中しているのは、太平洋戦争後、米軍に長らく占領されていたからです。


沖縄は太平洋戦争で地上戦の舞台になりました。日本各地で多くの都市が米軍の空襲を受けましたが、大規模な地上戦が行なわれたのは沖縄だけです。

一九四五年三月、アメリカはまず艦砲射撃から始めました。いきなり上陸するのではなく、軍艦から大砲で陸地に向けて大量の砲弾を撃ちます。沖縄では「鉄の暴風」と呼ばれました。まるで台風の暴風雨のように、雨あられと砲弾が降り注いだのです。こうして相手の戦力を削《そ》いでから上陸するのが、アメリカの戦法の定石《じょうせき》です。

アメリカ軍は沖縄攻略のため軍艦一五〇〇隻を集結させ、五四万八〇〇〇人の兵士を動員しました。一方、日本軍は一一万六〇〇〇人でした。兵力不足を補うため、沖縄県内の十代の学生も動員されました。男子は十三歳以上が兵士とされ、女子は十五歳以上が看護要員として動員されました。

沖縄の地上戦の悲劇は、沖縄の住民が米軍と日本軍の両方から被害を受けたことです。追い詰められた日本軍は、防空壕から地元の住民を追い出し、自分たちが身を守るために隠れるということもありました。日本軍は住民ではなく、日本軍を守るためのものだったと、沖縄の人たちは身をもって知りました。

一九四五年六月二十三日、沖縄本島南端の糸満市の摩文仁《まぶに》で、沖縄守備隊の牛島満《みつる》司令官が自決。日本軍による組織的な抵抗は終わりました。

日本の終戦記念日は八月十五日ですが、沖縄では六月二十三日に戦争が終わったのです。摩文仁の丘に建てられた「平和の礎《いしじ》」には二四万人以上の名前が出身地別に記されています。そのうち沖縄出身の兵士・住民が約一四万九〇〇〇人にのぼります。

米軍は沖縄を占領した後、住民を一六カ所の収容所に送り、広大な基地を建設しました。本土を攻撃するための準備でしたが、日本が降伏したため、実行されることはありませんでした。

一九五一年九月八日、サンフランシスコ講和条約で日本は独立を果たしましたが、米軍は沖縄と奄美群島、小笠原諸島を占領し続けました。太平洋戦争は終わりましたが、今度は東西冷戦の最前線として、これらの島々を要と位置づけたからです。

このうち激しい祖国復帰運動が起こった奄美群島は、一九五三年十二月二十五日、日本に返還されました。さらに小笠原諸島も一九六八年六月二十六日に日本に返還されました。

しかし、沖縄は返還されませんでした。一九五二年四月、琉球政府が発足。米国の高等弁務官が琉球政府主席を任命する、米軍支配下での限定的な自治政府でした。通貨は米ドル。車は右側通行。日本本土と行き来するにはパスポートが必要になりました。

日本への復帰運動が盛り上がり、一九六〇年には沖縄県祖国復帰協議会（復帰協）が発足しましたが、米軍は返還どころか、基地としての機能を着々と強化していきます。

一九六四年、米軍がベトナム戦争に参戦すると、沖縄の役割はますます重要になりました。一九六五年七月には嘉手納《かでな》基地からB52爆撃機が北ベトナム空爆へと出撃しました。

米国は日本復帰を望む声への配慮として、琉球政府主席を選挙で選ぶ方針に変更。一九六八年十一月に行なわれた主席選挙では「即時無条件全面返還」を求める屋良《やら》朝苗《ちょうびょう》氏が当選しました。投票率は九〇％に達し、住民の日本復帰への思いが明確に表れました。

一九七〇年十二月には、米軍兵士が起こした交通事故への怒りが「コザ暴動」へと発展しました。コザとは現在の沖縄市のことです。

日本政府も黙って見ていたわけではありません。一九六五年、佐藤栄作首相はジョンソン大統領に沖縄返還を申し入れました。協議の結果、一九七二年五月十五日、沖縄は日本に復帰しました。琉球政府は沖縄県庁となりました。

今後、米軍基地をどうするか

沖縄の日本復帰にあたって問題となったのは、核兵器の扱いでした。米軍支配下にあった沖縄には最大八〇〇発にのぼる核兵器が持ち込まれていました。後にノーベル平和賞を受賞した佐藤栄作首相は「核兵器を持たず、作らず、持ち込ませず」という「非核三原則」をうたっていました。

日米協議の結果、米軍は核兵器の撤去に同意しました。しかし、実は密約がありました。米軍が核を持ち込みたいと事前協議を求めてきた場合、日本は認めるという約束です。自民党政権は密約の存在を否定してきましたが、二〇〇九年に政権政党となった民主党が密約の存在を公表しました。

佐藤内閣は沖縄返還を「核抜き本土並み返還」と称しました。核の話は別にしても、決して本土並みとなったわけではありません。米軍基地となった土地のうち返還されたのはわずかです。さらにいまもなお米兵による犯罪が大きな問題になります。

米兵は日米安全保障条約に伴って締結された「日米地位協定」で守られています。犯罪を起こしても、沖縄県警が逮捕できるのは現行犯の場合のみ。いったん基地に逃げ込まれてしまうと、逮捕は困難です。米兵が公務中に起こした事故や事件については、日本の司法の力は及びません。公務以外の場合も、現行犯でないかぎり、日本の警察が逮捕することはできません。

起訴すれば身柄を日本側に移せますが、起訴するには容疑者を取り調べる必要があります。任意で米兵を呼び出すしかなく、応じなければ取り調べさえできません。

米兵による犯罪が多発した結果、地位協定の運用の見直しが行なわれました。殺人や婦女暴行など悪質な事件については、日本の警察が米国に容疑者引き渡しを求めた場合、米国は好意的考慮を払うということになりました。見直しが行なわれたといっても「好意」頼りなのです。

一九九五年九月、米兵による少女暴行事件が起こり、かねてから続いてきた米軍基地縮小を求める声が改めて高まりました。

一九九六年四月、橋本龍太郎首相は、米国のモンデール駐日大使との間で、普天間基地（宜野湾市《ぎのわんし》）を五年から七年以内に全面返還することで合意しました。普天間基地はとりわけ市街地に近く、危険性や騒音が指摘されていたため、返還が求められていたからです。

返還の条件として、名護市辺野古地区にヘリコプター基地の新設が決まりました。しかしこの計画は二〇〇九年の衆院選で民主党に政権が移ったことから白紙に戻ります。政権交代の前、当時の鳩山由紀夫民主党代表は、普天間基地の移転について「最低でも県外」と述べました。根回しも何もなく、思いつきにすぎない発言でした。首相になった鳩山氏は「学べば学ぶほど抑止力の重要性が分かった」と発言し、「最低でも県外」発言を撤回。二〇一〇年五月、名護市辺野古《へのこ》沖に基地を移設することでアメリカと合意しました。

辺野古基地新設を巡っては、工事を急ぎたい日本政府・防衛省と沖縄県が対立する状態が続いています。二〇一八年、国は辺野古沿岸部に埋め立てのための土砂の投入を開始しましたが、県民投票では七割強が埋め立てに反対しています。二〇二二年九月の沖縄県知事選では辺野古移設に反対する玉城デニー氏が再選を果たしました。

しかし、台湾や朝鮮半島を巡る情勢が緊迫する中、沖縄の米軍基地の役割はますます高まっています。沖縄の経済は国からの沖縄振興予算に支えられている側面もあり、経済界を中心に国との関係修復を望む声もあります。安倍内閣の時代以降、国の主張を受け入れれば予算増、拒めば予算減というアメとムチの政策で揺さぶられています。

二〇二二年五月、沖縄は本土復帰五十周年を迎えましたが、本土並みとは言い難い状態が続いています。

日本も戦争に巻き込まれる?

米軍基地がもっとも多いのはもちろんアメリカですが、その次に多いのはドイツ、そして日本です。日米安保条約にあるように、在日米軍は日本だけでなく極東の平和と安全を維持するために駐留しています。

極東の指す範囲が国会で問題になった際、日本政府は「フィリピン以北並びに日本及びその周辺の地域」と答えています。つまり、日本・韓国・台湾を含む東アジア一帯、そしてフィリピンが守るべき地域です。

警戒すべき対象はロシア、北朝鮮、中国ということになるでしょう。いずれも核兵器を保有しており、近年ますます脅威になっています。

ロシアによるウクライナ侵攻は遠くの話に思えるかもしれませんが、ロシアは日本と国境を接しています。北方領土を不法に占拠し続け、日本との平和条約交渉を一方的に中断しています。ウクライナ侵攻後、経済制裁を行なった日本を非友好国に指定しました。

二〇二二年三月には、ロシアのヘリコプターによる領空侵犯事件も起きています。もしかしたら日本に攻めてくるのではないかと不安に思う人がいても無理はありません。

ロシアがウクライナに侵攻した当初、アメリカが派兵するかどうかに注目が集まりました。バイデン大統領は派兵を否定。「第三次世界大戦を起こさないため」という理由です。

一方、プーチン大統領は核兵器の使用もほのめかしています。ウクライナを支援している国々を同列とみなして攻撃しかねません。しかし、本当にそんなことをすれば、アメリカを始めとするＮＡＴＯ（北大西洋条約機構）加盟国すべてを敵に回すことになります。ＮＡＴＯの三〇カ国は、加盟国が攻撃された場合、自国への攻撃とみなして協力することになるからです。

日本はＮＡＴＯ加盟国ではありませんが、アメリカと同盟関係にあり、多くの米軍基地を抱えています。アメリカとロシアが直接対峙する状態になった場合、ロシアと国境を接する日本が何らかの形で巻き込まれないとは言い切れません。

ロシアのウクライナ侵攻は北朝鮮も刺激しています。精力的に弾道ミサイルの発射を繰り返す金正恩《キムジョンウン》朝鮮労働党総書記は、「やはり核兵器は重要だ」と決意を新たにしたように思えます。

実はウクライナはかつて、アメリカ・ロシアに次ぐ核保有国でした。もともとはソ連が配備した核兵器だったのですが、ソ連が消滅したため、結果として世界三位の核保有国になったのです。

しかし、一九九四年、ウクライナは核兵器を放棄することで合意しました。すべてをロシアに引き渡せば、ウクライナの独立と安全をアメリカ・イギリス・ロシアの三カ国が保障するという「ブダペスト覚書」に同意したからです。しかし、ロシアはこの覚書を無視してウクライナに侵攻しました。

核さえ手放さなければ侵攻されることもなかった。ロシアは核を持っているからアメリカやイギリから攻撃されない。金正恩はそう考え、自分たちの身を守るための核開発への思いを新たにしたのではないでしょうか。

北朝鮮はすでにＩＣＢＭ（大陸間弾道ミサイル）を開発し、アメリカ全土が射程内に入ったともいわれています。日本が直接狙われたことはありませんが、日本の排他的経済水域内に落下したことはあります。

日本は常にミサイルの発射を捕捉し、迎撃する準備をしておかなければなりません。また、どこに落下するにせよ、北朝鮮がミサイルを発射するたびに自衛隊が対処しなければならず、そのために莫大な税金が費やされています。二〇二二年度のミサイル防衛予算（弾道ミサイル防衛関連経費）は約一三七四億円と発表されています。

中国もウクライナ情勢の推移に注目しています。習近平国家主席は将来、台湾に軍事侵攻した場合、世界がどんな反応をするのかを予習しておきたいことでしょう。もちろん初めから軍事侵攻をするのではなく、硬軟織り交ぜた手法で併合を試みるはずです。

しかし、ソフトな手段に行き詰まった場合、軍事侵攻という選択肢もありえます。二〇二二年に発表した「台湾白書」には、台湾の平和統一のために「武力行使の放棄は約束しない」と記されています。

中国が台湾に軍事侵攻し、アメリカが台湾を守ろうと決断した場合、米軍は沖縄から出動することになるでしょう。中国軍が沖縄の米軍基地を攻撃するようなことがあった場合、日米安保条約にもとづいて自衛隊は協力して戦うことになります。台湾有事になれば、日本が巻き込まれることは避けられません。

これ以外にも中国は、経済力・軍事力を背景に、国際ルールを無視した行動により世界中で問題を引き起こしています。これに対して、アジア太平洋地域では、日米豪印四カ国によるＱＵＡＤ（クアッド）、インド洋・太平洋諸国によるＩＰＥＦ（アイペフ）といった枠組みが注目されています。

日本はアメリカと足並みを揃え、自由主義・民主主義の価値観を共有できる国々と協調することで、中国の問題行動を抑止しようとしているのです。

第三章

日本経済の光と影

高度経済成長の功罪

日本はもはや先進国ではない？

二〇二二年秋、新型コロナウイルス感染症の拡大後初めてアメリカに行きました。海外取材は二年半ぶりのこと。

中間選挙を取材する中で、身にしみて感じたのが物価の高さです。かねてから進んでいた円安がピークに達しており、一ドルは約一五〇円。ニューヨークで人気のラーメン店で食事をしたら、豚骨ラーメン（二四〇〇円）と餃子（一八〇〇円）で四二〇〇円になりました。これにチップ（八四〇円）を加え、五〇〇〇円以上の出費です。

日本のUber Eatsもそうですが、チップは選択式です。以前は一〇・一五・一八％から選ぶ形でしたが、今回は一八・二〇・二五％が選択肢でした。人件費も上がっているのですね。ニューヨークでは飲食店員の時給は二〇ドル程度が普通。日本の約三倍です。それでも人が集まらないそうです。

ニューヨークのマンハッタンで泊まった四つ星ホテルは、朝食なしで一泊約五〇〇ドル（七万五〇〇〇円）。朝食は四五〇〇円でした。四つ星ホテルを選ぶのは決して贅沢をしたいからではなく、マンハッタンの治安を考えると必要なレベルなのです。五つ星ホテルなら一泊一〇万円以上はします。

こうした物価水準から考えると、一泊五万円で泊まれる東京の五つ星ホテルは、アメリカ人にとっては「ビジネスホテル並みに安い！」と感じられるのです。

苦労しているのが日本円で給料をもらっている日本企業の若手駐在員ですね。「とても外食なんてできない」と嘆いていました。家賃が突然一〇万円上がったという話も聞きました。

ニューヨークは高層ビルの建設ラッシュで、景気の良さを肌で感じました。セントラルパークの近くに八四階建てタワーマンションが建ちました。最上階の部屋は八六億円だそうです。

とはいえニューヨークの治安は悪く、殺人事件は日常茶飯事です。バイデン大統領・民主党支持者の多い都市部は給料が上がっていますが、トランプ前大統領・共和党支持者の多い地域では、上がるのは物価だけ。給料が上がっていないと聞きました。地域による分断が進んでいます。

ちょうどハロウィンの時期。タイムズスクエアでは世界中から来た観光客で大賑わいでしたが、日本人の姿はほとんど見かけませんでした。かつては世界中のどこに行っても日本人観光客を目にしましたが、日本の経済力が弱くなってしまったことをひしひしと感じました。

日本に帰国し、物価が安くて平和な日本の良さを実感しましたが、同時にこのまま地盤沈下してしまうのではないかという危うさも感じました。

日本経済が振るわない現状は数字の面でも明らかです。先進国が加盟するOECD（経済協力開発機構）のデータによると、二〇二一年の平均賃金はOECD三四カ国のうち二四位（ドル換算）。一九九一年には二三カ国中一三位でしたが、二〇一三年には韓国に抜かれてしまいました。二〇一一年には東日本大震災に見舞われましたが、それ以前から年々順位を下げています。

平均賃金は過去三十年あまりほとんど増えていません。一九九〇年に三万六八七九ドルでしたが、三十年後の二〇二一年になっても三〇〇〇ドルほど増えただけです。

これに対し、アメリカは四万六九七五ドルから七万四七三八ドルに一・六倍にも増えています。西欧諸国もイタリア以外は軒並み上昇しています。世界はリーマン・ショックやコロナ禍、ウクライナショックを同じように経験してきたはずですが、まるで日本だけが取り残されたかのようです。

国の経済力を測る基準として、英国のエコノミスト誌が一九八六年から発表している「ビッグマック指数」も知られています。ビッグマックは国が変わっても材料や調理法がほぼ同じなので、物価水準や購買力を比較しやすいのです。ビッグマックの価格には各国の原材料費や人件費、家賃などが反映されています。

二〇二三年一月に発表されたランキングでは日本は五四カ国中、四一位（四一〇円）。もっとも高いスイスでは九四四円、アメリカは六九七円でした。韓国（五一六円）、中国（四六〇円）は日本より高く、イギリス（四〇一円）、台湾（三二一円）は日本より安くなっています。

パンデミック以前、日本各地の観光地はインバウンド（訪日外国人）であふれていました。日本の観光地や文化そのものが魅力的だというのに加え、こうした体験が格安ででき、何を買っても、何を食べても安いという点が高く評価されていたのです。

こうした事実をもって「もはや先進国ではない」と言い放つ声さえ聞かれます。日本が世界第三位の経済大国であるのは確かですが、国民の暮らしぶりを基準にすれば、かつてのように豊かとは言えないのが現実かもしれません。

戦後、急成長を遂げた日本が、いつどのように行き詰まってしまったのか？　振り返ってみましょう。

インフラの整備が好景気の呼び水に

終戦から十一年後の一九五六年八月、『ワトキンス・レポート』という報告書が発表されました。世界銀行のワトキンス調査団が、日本の道路事情について調査し、建設省（現在の国土交通省）に提出したものです。報告書は「日本の道路は信じ難いほど悪い」から始まり、当時の日本の道路事情がいかにひどかったかを記しています。私は当時この内容をニュースで知って驚いた記憶があります。

報告書は道路網が整備されていないことで物流に大きなコストがかかり、日本経済が発展する足かせとなっていることを指摘。ＧＮＰの二％程度を道路整備にあて、東京・神戸間の高速道路を早急に整備すべきだと提言しています。

当時、日本の道路は、国道一号線などごくわずかな幹線道路を除き、ほとんど舗装されていませんでした。舗装されていない凸凹《でこぼこ》な道路では、トラックはノロノロ運転するしかありません。いまでも途上国では、舗装されていれば一時間で着く距離に半日かかるといったことがあります。そうした状況では物流に時間がかかり、流通経費もかさみます。道路は舗装されて初めて道路として機能するのです。

また、日本は戦時中にアメリカの空襲によって多くの港湾が破壊されました。港湾を整備すれば輸出や輸入ができるようになり、経済の発展につながります。


こうした考えから、日本政府はまず道路・橋梁《きょうりょう》、港湾・上下水道といったインフラの整備を重点的に進めました。この公共事業が呼び水になって日本経済は発展の時を迎えました。

経済には波があり、好景気と不景気が交互にやってきます。

戦後まずやってきたのが一九五四年十二月から一九五七年六月にかけて三十一カ月間続いた好景気です。朝鮮戦争がもたらした特需によって日本経済が大きく発展しました。これほどの発展は神武天皇以来だとされ「神武景気」と名づけられました。神武天皇というのは日本の初代天皇とされています。

この好景気によって日本経済は戦前を上回るまでに回復。「三種の神器」（冷蔵庫・洗濯機・白黒テレビ）が普及し始め、一九五六年度の『経済白書』には「もはや戦後ではない」と記されました。

次にやってきた大きな好景気が一九五八年七月から一九六一年十二月まで四十二カ月にわたる「岩戸景気」です。神武景気を上回る好景気となったことから、神武天皇からさらにさかのぼり「天の岩戸神話」にちなんで命名されました。一九六〇年十二月、「所得倍増計画」が発表され、高度経済成長が本格的に始まりました。

この後、「オリンピック景気」を経て、一九六五年十一月から五十七カ月にわたる「いざなぎ景気」がやってきました。天の岩戸よりさらにさかのぼり「国造り神話」から名づけられました。「3C」(カラーテレビ・クーラー・自動車)が普及。GNPが五年間で二倍以上になり、西ドイツを抜きました。

池田勇人の「所得倍増計画」で経済の季節に

一九六〇年代、日本は日米安全保障条約をめぐって国を二分する混乱に陥りました。安保条約が承認された後、退陣した岸信介に代わって総理になったのは池田勇人でした。

苦労人で国民に対して低姿勢で臨んだ池田勇人の登場で、世の中のムードは一転して明るくなりました。大蔵省（現在の財務省）出身の池田がぶち上げたのが「所得倍増計画」です。これにより世の中は「政治の季節」を脱し、「経済の季節」を迎えました。

池田は総理就任前から「月給二倍論」をとなえ、新聞記者たちに「君たちの給料を十年で二倍にしてみせる」と語っていました。月給制ではない自営業者もいることから「所得倍増計画」と名づけられました。

池田内閣は一九六〇年十一月の総選挙で、所得倍増計画を武器に戦いました。選挙中のテレビコマーシャルで池田が、「みなさんの所得を十年で二倍にします。私は嘘を申しません」と言っていたのを、私も覚えています。当時小学生だった私は、総理大臣がなぜわざわざ「嘘を申しません」などと言ったのかわかりませんでした。純情な小学生だった私は、総理大臣のような偉い人が嘘をつくはずがないと思っていたのですね。

後に政治家は嘘をつくことがあるので、こういう発言になったのだとわかりましたが、この「所得を十年で二倍にします」は嘘ではありませんでした。なんと七〜八年で、日本人の所得は本当に二倍になったのです。

池田内閣の所得倍増計画を支えたのは大蔵省出身のエコノミスト下村治でした。すでに神武景気を経験した日本経済は地力をつけつつあったため、適切な経済政策をとれば飛躍的に発展すると考えました。

十年で所得を倍にするには、年平均七・二％の経済成長率を維持する必要があります。そこで最初の三年間は年九％の成長を想定。十年間の平均成長率を七・八％と設定しました。

この成長率を実現するのに必要なのは、インフラ（社会基盤）の整備、人材育成、資金の確保です。前述のように、道路や港湾、下水道といったインフラを整備するための公共事業に多大な資金が投入されました。これによって建設業界が活況となり雇用が拡大。会社が潤い、社員の給与が増えれば、消費も伸びます。

人材育成については、小中学校での理数科の教育を強化し、理工系の大学・学部の定員を増やしました。

そして資金の確保のため国ぐるみで行なわれたのが貯蓄の奨励です。当時、民間の金融機関は預金不足に悩んでおり、企業への長期の融資がしにくい状態でした。そこで資金を集めるため、全国民に預金を呼びかけたのです。学校で銀行口座を開ける「子ども銀行」の制度も始まりました。いまなお続く日本人の貯金好きは、このころ行なわれた刷り込みによるものでしょう。

財政投融資も大きな役割を果たしました。国民が貯金した郵便貯金を大蔵省の資金運用部が預かり、政府系の日本開発銀行（現・日本政策投資銀行）などに融資する仕組みです。日本開発銀行が大企業への長期的な融資を行ない、日本の経済発展を支えました。

労働組合による賃上げ要求も盛んに行なわれました。なんといっても政府が所得倍増を打ち出しているのですから、お墨付きを得たようなものです。給与が上がれば、消費も拡大し、企業の売上が上がれば、給与に還元できます。こうした好循環が好景気を生み出しました。

一九五七年、スーパーマーケットの先駆である「主婦の店ダイエー」が大阪にオープンしました。「価格破壊」を売りにしたスーパーマーケットがまたたく間に全国に広がり、日本人は消費の喜びを知りました。「三種の神器」、「3C」（カラーテレビ・クーラー・自動車）が普及していく過程で、大量の製品を安価に生産する技術が磨かれ、日本のモノづくりが発展を遂げました。

高度経済成長における大きな契機となったのが一九六四年に開催された東京五輪です。五輪開催に向けて東海道新幹線の建設が進み、名神高速道路・東名高速道路も完成しました。建設資金は世界銀行からの融資でした。

一九六四年十月十日、世界中から選手を受け入れて開会式を迎えた日本人は、先進国の仲間入りができる日は間近だと実感していました。

私が初めて東海道新幹線に乗ったのは一九六八年。高校の修学旅行で京都に行きました。同じ年、三六階建ての霞が関ビルが完成しました。一九七〇年には大阪万博も開催されました。鬼才・岡本太郎の「太陽の塔」の出現に度肝を抜かれました。

田中角栄の「日本列島改造論」

池田勇人と並び、日本の経済発展の立役者となったのが田中角栄です。毀誉褒貶《きよほうへん》相半ばする政治家ですが、現在の日本の姿のグランドデザインを描いた人物であることは間違いありません。数字に強く、実行力あふれる様子から「コンピューターつきブルドーザー」と呼ばれた田中角栄の軌跡を見ていきましょう。

田中は一九一八年、新潟県の寒村で生まれました。高等小学校を卒業後、上京して建設会社で働きながら夜間学校に通いました。十九歳で建築事務所を設立。一九四六年、戦後最初の衆議院選挙に立候補して落選しましたが、翌年の選挙で初当選を果たしました。

一九七二年七月、当時、史上最年少であった五十四歳で首相に就任。東京大学卒の首相が多い中、田中はいまでいう中卒という異例の存在でした。マスコミは「庶民宰相」「今太閤」ともてはやしました。

「決断と実行」というモットーの通り、首相に就任すると、周囲の反対を押し切って、わずか二カ月で日中国交正常化を成し遂げました。

それまで日本は台湾（中華民国）を中国の代表とみなし、大陸の中華人民共和国は国として承認していませんでした。しかし、アメリカのニクソン大統領が中国と国交正常化を果たしたこともあり、急遽中国を訪問し、一気に国交正常化を実現しました。自民党の保守派などからは「台湾を見捨てるのか」「中国共産党と手を結ぶのか」と批判されましたが、訪中に反対する外務省局長を左遷させてまで中国を訪問しました。


田中角栄が日本を大きく変えるきっかけになったのが、一九七二年に出版された著書『日本列島改造論』（日刊工業新聞社）です。経済学部の学生だった私はこの本を読んでレポートを提出した覚えがあります。

田中が『日本列島改造論』を発刊したのは総理大臣になる直前、通産大臣（現在の経済産業大臣）だった頃。総理大臣になったら日本列島を大きく変えるという意思表示ですね。これがまたたく間に九十万部以上のベストセラーになります。売れているのを知った田中が、「そんなに売れているのか。じゃあ、わしも読んでみよう」と言ったという話が知られています。実際に本人が書いたのではなく、語った内容を記者が本にしたからです。

では、日本列島をどのように改造しようというのでしょう?

彼が問題視していたのは、都市と地方、太平洋側と日本海側の格差です。太平洋側に集中している工業地帯を日本全国に分散し、地方の立ち遅れた状態をなんとか解消したいという思いがありました。

そこで発表したのが、人口三〇万人から四〇万人の中核都市を全国に育成し、新幹線網と高速道路網で結ぶという構想です。大都市への一極集中をただし、バランスのとれた国土を形成しようとしたのです。

驚くべきことに、すでにリニア新幹線を提唱しています。半世紀以上たったいま、ようやく工事が進んでいますが、さすがの先見の明ですね。

『日本列島改造論』で将来造るべき新幹線としてあげられているのは、北海道新幹線、東北新幹線、北陸新幹線、九州新幹線(鹿児島ルート・長崎ルート)。一九七二年に提唱された構想に向けて、いまも着々と工事が進められています。

こうした地方起点の発想とスケールの大きな構想が高く評価されている一方、列島改造にまつわる「金」の問題で評判を落としました。

田中の人気に決定的な打撃を与えたのはジャーナリストの立花隆でした。『文藝春秋』（一九七四年十一月号）に「田中角栄研究―その金脈と人脈」というレポートが掲載されました。特大の文春砲でした。

公共事業の開発計画が決まると、公表前に田中が設立したペーパーカンパニーが土地を買い占め、売り抜けて莫大な利益を得ていたのです。

当初、日本のマスコミは報じませんでしたが、日本外国特派員協会での会見で、外国人記者から質問が集中しました。彼らは日本のマスコミのような忖度はしないのです。まさかそんな質問をされると思っていなかった田中がしどろもどろになる様子が国内でも報じられると批判が一気に高まり、首相の座を下りることになりました。

こうした錬金術で得た金をどう分配していたのかについても、立花隆は詳細に暴いています。田中は、金を配ることで人心を掌握することにかけては天才的でした。

「相手が考えているより多く渡せ」というのが田中流です。献金を集めてきてくれた支持者に対して「ご苦労であった」と渡すお礼は一割、二割ではなく、五割、六割。頼み事を聞いてくれた相手に、一〇万円ではなく一〇〇万円渡す。相手は予想をはるかに上回る額を受け取ることで引け目を感じ、田中に逆らえないようになります。

田中角栄の金脈は日本国内にとどまりませんでした。事件が明るみに出たのは一九七六年二月、米上院外交委員会の多国籍企業小委員会（チャーチ委員会）公聴会。航空機メーカー・ロッキード社の副会長が、自社の旅客機トライスターを販売するため、日本政府の高官にも賄賂を渡したと証言したのです。

この発言を受けて、東京地検特捜部が動きました。一九七六年七月二十七日、外国為替及び外国貿易管理法違反の容疑で田中を逮捕。許可なく外国から五億円を受け取った疑惑でした。その後、起訴の段階で受託収賄罪が追加されました。首相在任中の行為で元首相が起訴されたのは初めてのことです。

田中はロッキード社から商社の丸紅を通じて五億円を受け取り、首相の権限を行使して、全日空にトライスター二一機を購入させたとされています。この「ロッキード事件」で、田中は一九八三年、東京地裁に懲役四年、追徴金五億円の判決を言い渡されました。

ところが判決からわずか二カ月後に行なわれた衆議院選挙で、田中角栄は二二万票を獲得してトップ当選を果たしました。新潟の有権者は地元のために尽力した田中を投票という形で支えたのです。

その後、東京高裁でも有罪判決を受けます。上告したものの、一九八九年に引退を余儀なくされました。一九九三年の選挙では、娘の田中真紀子が立候補して当選を果たします。同年十二月、田中角栄は七十五歳で死去しました。裁判の途中で本人が死去したため、最高裁判決は下りませんでした。

田中角栄が描いた「日本列島改造」はいまなお進められています。そのひとつが「整備新幹線」。一九七〇年に成立した全国新幹線鉄道整備法により、一九七三年十一月に整備計画を決定した五線の新幹線です。

二〇〇九年の政権交代で民主党政権になってからは「コンクリートから人へ」のスローガンにもとづいて一時的に整備新幹線の建設が凍結されました。しかし、二〇一二年六月、再び工事が始まりました。田中角栄が描いた世界の中に、私たちは生きているのです。

日本は「世界で唯一、成功した社会主義国」？

高度経済成長で豊かになった日本は「世界で唯一、成功した社会主義国」と皮肉をこめて呼ばれることがあります。これはもともと旧ソ連のゴルバチョフ書記長の言葉です。大統領制を作って自ら大統領になったので、ゴルバチョフ大統領とも呼ばれます。そのままソ連が崩壊してしまったので、最初にして最後のソ連大統領でした。

ゴルバチョフはソ連共産党のトップとしてソ連の停滞に危機感を抱いていました。一九一七年にロシア革命が起こり、五年後にソ連が成立しました。七十年近く社会主義を続けてきたものの経済は停滞するばかり。そこで、一九八六年に立て直し（ペレストロイカ）を掲げ、その柱として情報公開（グラスノスチ）を進めました。ゴルバチョフは国民にソ連の実態を知らせることで奮起を促そうとしたのでしょう。

しかしソ連国民は「こんなにひどかったのか。我々は騙されていた！」とやる気を失い、働かずにウォッカを飲んでばかり。それでも全員公務員ですからクビになることはありません。ウォッカの値段を上げたり、販売を制限したりしたことでゴルバチョフの人気は地に落ち、結果としてソ連は崩壊します。

ゴルバチョフは東西冷戦を終わらせた立役者として西側では高く評価され、ノーベル平和賞を受賞していますが、ロシア人にとっては国を崩壊させた張本人であり、国内での評判はよくありません。二〇二二年にゴルバチョフが死去した時、日本を含む西側では大きなニュースになりましたが、ロシア国内ではきわめて冷ややかに扱われていました。

ゴルバチョフが変えようとしたかつてのソ連は社会主義国を標榜していました。社会主義では国が経済の計画を立て、コントロールします。たとえば五カ年計画を立て、一年間に全国で生産すべき自動車の台数を決め、それぞれの労働者にノルマを割り当てます。ちなみに現在も使われている「ノルマ」という言葉はロシア語です。労働者は決められた自動車だけを作っていれば給料が保証されました。

国がすべて決めるので、自動車の性能を上げようとか、作業を効率化しようとか考える必要はありません。サボってもクビになるわけではありませんが、頑張っても頑張らなくても給料は変わりません。みんなが平等に働いて、平等に給料をもらえるのです。

みんなが平等というと一見、美しい社会に思えますが、こうした環境では働くモチベーションが上がらず、経済は発展しません。実際、社会主義計画経済で発展した国は人類史上ひとつもありません。平等になるどころか、権力が集中する共産党幹部がぜいたくな暮らしをするようになり、格差が固定化。労働者は同一賃金であるためやる気をなくし、経済は低迷しました。

一方、日本は資本主義国なのに、社会主義国のように五カ年計画を立てて経済活動を行なってきました。国の規制が強く、自由競争とは言えないという意味でも多分に社会主義的です。こうした状態でも労働者は夜遅くまで喜んで働き、経済発展を実現することができました。そして、ほとんどの人が「自分は中流」だと意識できるような平等で豊かな社会を作り上げることができたのです。

ソ連が失敗した社会主義が日本で成功をおさめている。この状態をゴルバチョフは「成功した社会主義国」と皮肉ったのです。

もっとも、日本経済もバブル崩壊後はふるいません。格差が拡大し、「一億総中流」の意識も過去のものとなりました。一時的には「成功した社会主義国」に思えましたが、最終的にはこちらも崩壊したと言えるかもしれません。

高度経済成長が遺したものとは？

高度経済成長によって人々の暮らしは確かに豊かになりました。しかし、負の側面も少なくありません。

工業やサービス業が成長した一方、農業などの一次産業は衰退が進みました。農村地帯の若者たちは都会に出ていき、そのまま戻りません。現金収入を求めて女性も働きに出るようになりました。農家に後継者がいなくなり、農業の担い手は高齢化が進んでいます。農業に従事するのは「母ちゃん・じいちゃん・ばあちゃん」だけという状態になり、「三ちゃん農業」と呼ばれました。専業農家は激減し、会社員や公務員との兼業農家が増えています。

地方から都市部に出てきた若者たちは、地価・家賃が比較的手ごろな郊外に住みます。郊外から都心に長時間かけて通うライフスタイルが普通になり、殺人的な通勤ラッシュが常態化しました。

高度経済成長がもたらした影の代表格が公害です。

静岡県富士市の田子《たご》の浦は「死の海」と呼ばれました。海にたまったヘドロから有害な硫化水素が発生していたからです。原因は周辺にある約一五〇の製紙会社からの排水。一日約三〇〇〇トンもの製紙カスが海底に堆積していました。

東京都と神奈川県の境を流れる多摩川は「死の川」と呼ばれました。家庭用洗剤などの廃水に汚染され、悪臭がひどく近づく人も少ない川でした。

当時、工場廃水は大量の水で薄めて流せばいいと考えられていました。汚染物質を取り込んだプランクトンを小魚が食べ、さらに大型の魚が食べるという食物連鎖の過程で汚染物質が濃縮される、生物濃縮も知られていませんでした。

日本各地の公害病のうち、特に大きな被害を出した四つの公害を「四大公害病」と呼びます。四日市ぜんそく、水俣病、新潟水俣病、イタイイタイ病です。

四日市ぜんそくは、石油コンビナートのある三重県四日市市でぜんそく患者が激増した公害です。コンビナートの各企業は法律にもとづいて排出基準を守っていたのですが、総量規制の概念がありませんでした。

企業城下町である地元の自治体が企業に不利になるような対策ができない中、一九六七年、患者がコンビナートの六社を相手に損害賠償を求める訴訟を起こしました。一九七二年、原告が勝訴したことで、ようやく対策が進むことになりました。

イタイイタイ病は富山県の神通川《じんずうがわ》流域で発生しました。患者は全身に痛みを訴え、「痛い、痛い」と言うことから、この名が付きました。全身の骨が弱くなり、いたるところが骨折します。咳をしただけで肋骨が折れることもありました。原因は三井金属鉱業の神岡鉱山の排水に含まれていたカドミウムです。

水俣病は世界的に知られる公害病です。原因となった企業は新日本窒素肥料（後にチッソと改名）でした。水俣湾周辺で漁業に従事する人々を中心に、手足がしびれ、意識がもうろうとする症状が次々に現れました。人間だけでなく猫にも同様の症状が出ました。

原因はメチル水銀（有機水銀）でした。塩化ビニールの可塑剤の原料になるオクタールを製造する過程で触媒として硫酸第二水銀（無機水銀）が使われ、ここで発生したメチル水銀が工場廃水として水俣湾に排出されていました。チッソの企業城下町であった水俣市では多くの人がチッソ関連の仕事に従事していました。このため市民が批判することができず、チッソも調査協力を拒否し、汚染を認めないまま廃水を流し続けた結果、水俣湾周辺だけだった患者が、不知火海《しらぬいかい》沿岸全体に広がりました。

原因の究明をめぐって起こった対立も対策が遅れる原因となりました。熊本大学が有機水銀が原因だと発表したのに対し、チッソ、日本化学工業協会、東京工業大学教授などがそれぞれ別の説をとなえました。

結局、チッソの廃水が原因と政府見解が確定したのは一九六八年。一九五六年に最初の患者が見つかってから十二年が経過していました。

水俣病の患者救済はまだ終わっていません。国が定めた基準に満たないまでも症状を訴える患者への対応も課題となっています。

水俣病と同じ症状は新潟県の阿賀野川《あがのがわ》流域でも見られ、「新潟水俣病」と名づけられました。昭和電工鹿瀬《かのせ》工場の廃水に含まれる有機水銀が原因でした。

これらの公害病に共通するのは、企業城下町である地元の自治体が当初、見て見ぬ振りをしたことです。地元の医師が気づいて専門家が原因を究明しても、企業側の別の専門家が独自の理由を主張して対立し、解決が長引きました。結局、患者が裁判に訴え、長い年月をかけて認定を勝ち取るしかなかったのです。

こうした公害の対策には、報道も大きな役割を果たしています。公害が全国的な問題になった高度経済成長期の日本のように、近年、中国でも公害が問題になっています。中国では共産党幹部が企業の経営者であることも多く、共産党の指揮下にある警察も裁判所も頼りになりません。住民運動も許されず、報道の自由もないことから対策が進まず、しびれをきらした住民たちの暴動に発展することもあります。日本で遅ればせながら対策が進んだのは、報道や住民運動の自由が保障された民主主義国家であったからと言えるでしょう。

（注：工場の製造過程から出て捨てられる液体を「廃水」と呼び、それを海など外に出すことを「排水」と呼びます。意味が異なるので、区別して表記しました）

バブル景気がもたらしたもの

なぜバブルは膨らんだのか？

日本にもかつて非常に景気の良い時期がありました。一九八六年十二月から一九九一年二月にかけての「バブル景気」です。バブル（泡）とは、泡のように膨らみ、弾けて消えていくことを指します。

バブルが生まれたきっかけは一九八五年九月二十二日、先進五カ国の大蔵大臣・中央銀行総裁による「プラザ合意」でした。「プラザ」とは会合が行なわれたアメリカ・ニューヨークの高級ホテルの名前です。会合は秘密に行なわれました。当時の竹下登大蔵大臣は成田空港近くのゴルフ場にわざわざ赴き、ゴルフを楽しむのだと報道陣に思い込ませてニューヨークに向かいました。

会合が行なわれた目的はアメリカの対日赤字を緩和し、貿易の不均衡を解消して世界経済を安定させることでした。当時のアメリカでは日本製品がよく売れていた一方、輸出は伸び悩んでいました。アメリカの貿易赤字は一九八三年には六七〇億ドルでしたが、八四年には一一二〇億ドルに倍増しました。その三分の一は日本に対する赤字です。

日本はこの状態を打開する対策を迫られ、プラザ合意でドル安（円高）を容認しました。ドル安というのは、ドルの価値が円に対して安くなることです。日本から見るとアメリカ製品を安く買えるようになり、アメリカから見ると日本に製品を輸出しやすくなります。

当時一ドルは約二四〇円。たとえばアメリカで一万ドルのアメリカ製自動車は、日本では二四〇万円です。一ドルが一二〇円になれば、一二〇万円に値下がりするため、よく売れるようになるだろうという理屈です。逆に、日本で二四〇万円の日本車は、アメリカで一万ドルから二万ドルに値上がりするため売れなくなります。

こうしてアメリカ製品が売れる環境をつくり、貿易の不均衡を解消しようという狙いです。

アメリカ経済が不調に陥ると世界経済に悪影響を及ぼすため、先進五カ国はドル安政策に協調することで合意しました。この「プラザ合意」が日本経済の大きな転機になりました。


では実際にどうやってドル安を実現したのでしょう?

プラザ合意の二日後、大蔵省は日本銀行を通じて、大量のドルを売って円を買うという行動に出ました。通貨の価値は需要と供給で決まります。大量のドルが出回れば、需要が減ってドルは値下がりします。円を買えば、需要が増えて円が値上がりします。

こうして一ドルは二四二円から二三〇円になりました。

一方、アメリカが行なったのは「金利の引き下げ」です。アメリカの銀行にお金を預けておいても利子がそれほどつかないとなれば、資金は海外に投資先を求めます。日本円やドイツマルクが買われるようになり、ドル安が進みました。一九八六年一月には、一ドル二〇〇円を突破するまでになりました。

円高が進むと、海外で日本製品の値段が上がるため、輸出産業が大きな打撃を受けます。これによって「円高不況」が起こりました。

不況の対策のために日本銀行は公定歩合を引き下げました。公定歩合というのは日本銀行が民間の銀行に資金を貸し出す基準になっていた金利です。いまはこの制度はなくなりましたが。公定歩合が下がれば、一般の金融機関の金利も下がります。銀行から安い金利でお金を借りられるようになったため、企業は工場などに投資して経営を拡大することができました。

一方、円高になったことで輸入品の値段が大幅に下がりました。これによって消費が拡大し、景気は上向きました。

企業は安い金利で借りた資金を本業以外にも使うようになりました。「財産を増やすテクニック」という意味で「財テク」という言葉が流行しました。

大量の資金が向かったのは土地です。日本にはかつて「狭い日本では土地が限られているため、値下がりすることはない」という「土地神話」が信じられていました。

土地ブームに火をつけたのが一九八五年五月、当時の国土庁が発表した「首都改造計画」です。「東京では二〇〇〇年までに超高層ビル二五〇棟分のオフィスが必要になる」という内容が「東京の土地が足りなくなる」と解釈されました。もともとは首都機能の移転を促すための文章だったのですが、「いまのうちに買っておけば儲かる」ととらえた不動産会社や建設会社が土地を買い始めました。

さらに日本の好景気を逃すまいと、欧米の金融機関が一斉に日本に進出。都心の一等地でオフィスや従業員のための住宅を確保し始めたため、不動産価格が高騰しました。

土地の価格が上がるのを見て、不動産業界以外の企業も土地を購入するようになりました。銀行から低利で資金を借りることができたため、多くの企業が「財テク」に走ったのです。

一九八七年二月、ＮＴＴが上場し、一般に株が売り出されました。かつての電電公社が民営化され、ＮＴＴとなった後も政府が株を保有していましたが、これを売却して政府の収入にしようとしたのです。

政府の売り出し価格は一株一一九万円でしたが、二カ月後には三一八万円にまで上昇。「株は儲かる」という印象が広まり、それまで興味を持たなかった国民も株式投資を始めました。株価は需要と供給で決まります。株を買う人が増えたことで株価はみるみる上昇。それを見てさらに多くの人が買うという循環が始まりました。

株高によって、企業は株を発行することで容易に大量の資金を手にできるようになりました。その資金で土地を購入。その土地を担保に資金を借りて投資に回すという流れができ、土地も株価も急上昇しました。日経平均株価は一九八九年十二月のピークには三万八九一五円という高値をつけました。一九九〇年には「東京二十三区の土地代でアメリカ全土が買える」と言われました。

あり余った資金は海外にも向かいました。日本企業はハワイなどのリゾート地やゴルフ場を次々に購入。一九八九年にはソニーがアメリカのコロンビア映画を買収しました。三菱地所はニューヨークのロックフェラーセンターを買収しました。

一九八九年、GNP（国民総生産）は約三兆ドル（四二〇兆円）に達し、一人あたりの国民資産額はアメリカの四倍にのぼりました。数字の上では日本は史上空前の豊かな国になったのです。高級ブランドや高級車が飛ぶように売れ、海外旅行ブームが訪れました。海外で高級ブランドを買い漁る日本人の様子は、パンデミック前の訪日旅行者さながらでした。

国もバブル景気に乗っかりました。竹下登内閣は「ふるさと創生事業」と称して、全国の地方自治体に一律一億円を配りました。バブルで税収が増えたからこそできた究極のバラマキ政策です。地方自治体の創意工夫で町おこしに役立ててもらおうという趣旨でしたが、本当にふるさと創生になったのかどうか。

中には一億円で奨学金制度を作った真っ当な自治体もありましたが、話題になったのは、一億円で金塊を購入して展示したり、日本一長いすべり台を作ったり、純金のカツオ像を作ったりといった自治体でした。日本中が浮かれていたのですね。

一方でバブルの副作用も目立つようになりました。

土地の転売を目的として強引に買収を行なう「地上げ」が横行し、暴力団が関わることもありました。都市部の住宅地が開発業者に買い占められ、古くからのコミュニティは崩壊しました。都市部で土地を売った人たちが郊外に住宅を買って移り住んだため、郊外でも地価が上昇しました。

地価が上がりすぎたことにより、マイホームを持つことが難しくなりました。東京圏のマンション分譲価格は会社員の平均年収の八・九倍に達しました。あまりの土地の高騰に、次第に庶民の不満が高まっていきます。

なぜバブルは弾けたのか？

景気の過熱ぶりを放置できなくなった日本銀行は、公定歩合の引き上げの検討に入りました。銀行の貸出金利を引き上げ、資金を借りにくくすることで沈静化を図ろうとしたのです。

しかし、一九八七年十月十九日、アメリカで株価が急落しました。「ブラック・マンデー」と呼ばれる金融危機です。投資家たちも日本やドイツの景気の過熱を警戒し、いずれ金利が引き上げられると予測していました。日本やドイツが金利を上げれば、アメリカの資金が流出し、アメリカの株価が下がるだろう。そう考えた投資家たちが株を売りに走ったため、本当に暴落してしまったのです。

日本銀行は公定歩合引き上げのタイミングを失ってしまいました。公定歩合を引き上げると、アメリカから資金が流出し、アメリカの株価がさらに下がると判断したからです。このアメリカへの忖度により、バブル退治が遅れてしまいました。ドイツはアメリカに遠慮せず金利を引き上げたため、バブル発生を防ぐことができました。

日本銀行が金利を引き上げたのは一九八九年五月のこと。それまで二・五％という超低金利が二年三カ月続きました。その間バブルは膨らみ続けました。

日銀は一九八九年五月からはわずか一年三カ月の間に五回にわたって金利を引き上げ、最終的に六％にまで引き上げました。

金利が上がって銀行からお金を借りにくくなったため、土地を買おうという動きは沈静化します。需要がなくなると地価が下がり始めます。すると損をした人たちが穴埋めのために株を売りに走りました。これによって株価が暴落。一九九一年三月から一九九三年十月にかけて景気が急速に後退し、バブルは崩壊しました。

国家財政の立て直しを始めていた橋本龍太郎首相は、一九九七年四月、消費税を三％から五％に引き上げました。これによりさらに景気は冷え込みました。

バブル崩壊により、土地を担保に大量の資金を借りていた不動産業者は経営に行き詰まり、次々に倒産しました。貸していたお金を返してもらえなくなった銀行は多額の不良債権を抱えました。銀行の経営が急速に悪化し、続々と破綻を迎えました。

一九九七年十一月三日、三洋証券が経営破綻しました。負債総額は三七三六億円でした。大量のディーラーを採用し、体育館のように巨大なディーリングルームを作った途端、バブルが弾けてしまったのです。

同月十七日、北海道拓殖銀行が破綻しました。北海道のリゾート開発会社に膨大な融資をしていたことが主な原因です。このリゾート地は現在、「星野リゾート トマム」となっています。

そして同月二十四日、四大証券会社のひとつ山一《やまいち》證券が自主廃業を発表しました。当時の社長が記者会見で「社員は悪くありませんから」と泣き伏したさまはバブル崩壊を象徴する光景として記憶されています。経営状態が悪化していたばかりでなく、二六〇〇億円もの借金を隠していたことも判明しました。損失隠しをした人たちはさっさと辞めていました。何も知らなかった人が社長に据えられ、責任をとらされることになったのです。

さらに宮城県仙台市の地方銀行だった徳陽シティ銀行も破綻しました。

一カ月の間に四つもの金融機関が破綻したため、全国に不安が広がり、預金を引き出そうとする人が金融機関に殺到する「取り付け騒ぎ」も起こりました。

日本でバブル崩壊による取り付け騒ぎが起こったのは初めてではありません。一九一九年にも株価と地価が高騰する「大正バブル」が発生し、早くも翌年弾けました。その後、大蔵大臣の失言がきっかけとなった取り付け騒ぎにより、五〇〇もの銀行が破綻する金融恐慌が起こりました。当初問題となったのはひとつの金融機関でしたが、金融機関全体への信用が失われ、ひとたび取り付け騒ぎが起こると、他の多くの銀行も巻き込まれてしまうのです。

このため銀行は預金を引き出そうとする人の行列が外部に見えないよう必死になって隠しました。メディアが無責任に「あの銀行が危ない」などと書くと本当につぶれてしまうので、報道を自粛しました。

バブルというのは、その最中はわかりません。弾けて初めて「ああ、バブルだったんだ」と判明します。平成のバブル崩壊後、日本経済は長期にわたって低迷を続けることになりました。「失われた十年」でもバブルの後遺症は癒えず、「失われた二十年」「失われた三十年」へと影響は続いています。

バブル後、金融機関の不良債権の処理は速やかに進まず、問題が先送りにされました。バブルに踊り、出世した人たちが金融機関の経営陣を占め、自分たちの誤りを認めることができなかったことが一因です。バブル当時、無茶な融資拡大にブレーキをかけようとした真っ当な人たちもいましたが、左遷されてしまいました。官僚たちも数年で異動してしまいます。つまり誰も責任をとる人がいないのです。「いずれ地価が回復すれば解決する」という「土地神話」の呪縛から逃れられないことも問題の解決を遅らせました。

バブルは三十年ごとに繰り返すといわれています。バブル崩壊の痛手を知らない世代が主力となるからです。謙虚に歴史に学ぶという姿勢を持たなければ、また同じ間違いを犯しかねません。

小泉政権の構造改革が格差を広げた？

バブル崩壊後、日本は長期間の「デフレ」に陥りました。デフレというのは「縮む」を意味する「デフレーション」の略で、経済全体が縮んでいくことを意味しています。「広がっていく」という意味の「インフレーション」（インフレ）の逆です。

資本主義の世界では、商品の物価が上がる↓儲けが出る↓社員の給料が上がる↓モノをたくさん買うようになる↓値上げしても商品が売れる……という循環が起こる緩やかなインフレが好ましいとされます。

逆に、商品の物価が下がる↓儲けが減る↓社員の給料が下がる↓お金がないからモノを買わなくなる↓商品が売れない↓値下げせざるをえない……という悪循環が「デフレ・スパイラル」です。物価が下がること自体は消費者にとって悪いことではありません。しばしば「価格破壊」ともてはやされます。しかし、物価も収入も下がり経済全体が縮小していけば国全体が貧しくなる一方です。

バブル後の失われた十年を脱することのできなかった日本で、経済の回復を図ったのが構造改革を掲げて登場した小泉純一郎です。「自民党をぶっ壊す！」という総裁選での言葉は、とにかく行き詰まっている現状を変えてほしいと願う国民を魅了しました。ただし、この言葉は「もし改革を断行しようとする小泉を自民党がつぶそうとするならば、その前に小泉が自民党をぶっ壊します」という文脈で発せられました。つぶそうとするなら反撃すると言ったにすぎませんが、最後の印象的なフレーズのみが切り取られたというのが事実です。

小泉は二〇〇一年五月、所信表明演説で、二～三年で不良債権の最終処理を目指すと宣言しました。「聖域なき構造改革」を掲げ、竹中平蔵金融担当相とともに「金融再生プログラム」（通称竹中プラン）を作成し、金融機関の不良債権問題の処理を加速して経済の再生を図りました。

すでに一九九九年には大手金融機関一五行に七兆四五九二億円の公的資金の注入が認められていました。つまり国民の税金を使って銀行を救済しようとしたのです。しかし、不良債権はあまりに多く、その程度の額では焼け石に水でした。その場しのぎの延命にすぎず、不良債権の処理は先延ばしされていました。

小泉・竹中による「金融再生プログラム」では金融機関に対する検査を厳格化し、速やかに不良債権を処理するように迫りました。公的資金を注入する代わりに、支店の削減、銀行員のリストラを求め、経営状態の悪い銀行には吸収合併を促しました。長らく金融業界で続いていた「護送船団方式」に決別し、体力のない企業は市場から退場させるという方針に転じたのです。

大和銀行はあさひ銀行に救済され、りそな銀行になりました。さくら銀行と住友銀行が合併し、三井住友銀行になりました。富士銀行や日本興業銀行は第一勧業銀行と一緒になり、みずほ銀行が誕生しました。三菱銀行は経営状態が良かったため、海外投資で大損した東京銀行を吸収して東京三菱銀行となり、東海銀行と三和銀行が一緒になったＵＦＪ銀行を吸収して、現在は三菱ＵＦＪ銀行となっています。こうして日本のメガバンクは三つに集約されました。

市場原理を重視する小泉・竹中の考え方は「新自由主義」と呼ばれます。象徴的だったのが、「聖域なき構造改革」の一貫として郵政民営化などと並んで行なわれた労働者派遣法の改正です。従来エンジニアなどに限定されていた派遣労働の職種を、工場労働者にまで拡大。一年間だった期限付きの労働契約を三年間に延長しました。企業の側から見ると、なかなか解雇できない正社員ではなく、非正規雇用者を長く使うことができ、人件費の抑制につながります。しかし、これによって低賃金で働く派遣・パート・アルバイトなどの非正規雇用者の割合が増え、所得格差が拡大したとされています。

二〇〇八年のリーマン・ショック後の年末、日比谷公園に「年越し派遣村」が登場しました。派遣切りで職を追われ、住む場所を失った人たちがホームレスとなり、炊き出しを求めて集まったのです。これらは小泉・竹中路線が原因だと批判されています。竹中平蔵が二〇二二年まで人材派遣大手パソナの会長を務めていたことも物議をかもしました。

その一方で、格差の拡大については別の見方もあります。高齢化が進むと格差が広がりやすいというのは客観的な事実です。社会における格差の度合いを表すジニ係数を見ると、高齢化にともなって少しずつ上昇しているのです。格差は小泉政権だけが広げたのではなく、以前から広がっていました。

失われた三十年はいつまで続く？

リーマン・ショックの打撃で「長期デフレ」へ

バブル崩壊から立ち直ろうとする日本を、今度はアメリカ発の金融危機が襲いました。二〇〇八年のリーマン・ショックです。原因はアメリカで起こった住宅バブルでした。アメリカは日本のバブル崩壊から学ばなかったようです。

二〇〇〇年前後、アメリカでサブプライムローンという住宅ローンが急激に普及しました。プライムは「優遇」、サブは「準ずる」。つまり「優遇されないローン」です。当時、中南米を中心に多くの移民が入ってきたため、マイホームを持ちたい人たちにお金を貸す仕組みとしてサブプライムローンが開発されました。

プライムローンは信頼できる顧客に対するものです。きちんと返済される可能性が高いので、低い金利で貸します。一方、サブプライムローンの相手は信用度の低い人たちです。返済されないリスクがより高いため、金利を高くしないと貸せません。

これは日本の住宅ローンも同じです。住宅ローンを組むときには、勤務先や年収などを確認する審査が必要です。一方、消費者金融は審査が簡単です。学生証や健康保険証を持っていけば一〇万円くらいはあっという間に貸してくれます。しかし審査がない分、金利は高くなっています。簡単な審査でお金を貸すのですから、その中に返せない人たちが出てくる可能性があります。

そもそも消費者金融でお金を借りる時点で、計画的にお金を使えない人である可能性が高いと判断されています。だから高い金利を取るのです。消費者金融でお金を借りて高い金利を払っている人は、返さないで逃げてしまう人の分まで払っているわけです。日本版のサブプライムローンと言えるでしょう。

アメリカでは住宅金融専門会社のサブプライムローンでお金を借りて、マイホームを持つ人が増えました。その中には安定した収入の見込めない人も数多く含まれていました。

住宅ローンが返せなくなると、担保になっている住宅を引き渡すことになります。日本では土地・建物をすべて失った上で、その価値がローン残高に満たない場合、借金だけが残ります。だから住宅ローンを組むときには慎重になります。一方、アメリカでは担保になっている住宅を引き渡せばローンはなくなります。持ち家は失いますが、アパート暮らしをすればいいだけです。だから気軽に住宅ローンを借りて家を買う傾向があります。

当時のアメリカは好景気で住宅の価格が上昇していました。住宅の価格が上昇すれば、担保の価値が上がり、優遇金利に借り換えできるかもしれないという売り文句で、低所得者層までマイホームを購入できるようになっていました。

貸し手はお金が返ってこなくなっても、住宅が手に入ります。これをローンの残高以上の価格で売ることができれば損をすることはありません。住宅の値段が上がり続けている限り、返済が滞《とどこお》っても、住宅を取り上げて、さらに高値で売ることができたのです。

日本でも同様ですが、住宅ローンの多くは「変動金利型」です。住宅を買ってもらえるように初めは金利が低く、返済額が安く抑えられています。「優遇金利に借り換えできるかも」というエサもあります。しかし、「状況によって金利が上がるかもしれません」という契約になっています。多くの人は目先の返済額の低さに魅力を感じ、楽観的にローンを組みます。

すべては好景気に沸くアメリカで、住宅の値段が上がり続けるという前提のもとで行なわれていました。

しかし、二〇〇五年から二〇〇六年にかけてピークを迎えた住宅価格が下がり始めました。ローンの貸し手は、住宅を手に入れても回収できる額が下がってしまうため、リスクを多く抱えることになります。優遇金利に切り替えるどころではなく、金利を上げなければならなくなります。借り手からすると、毎月の返済額が増えることになり、返せなくなる人が増えます。

こうして住宅の値上がりを前提に回っていた仕組みが逆回転を始めます。金利が上がれば、住宅を買う人自体が減ります。需要が減れば価格は下がります。貸し手はさらにリスクを抱えます。住宅の資産価値がどんどん減っていき、回収できないお金が増えていきます。

住宅バブルが弾け、経済危機を招いた

ここまでお金を貸す側と借りる側だけの関係に絞って、非常に単純化してお話ししてきました。しかし実際はもっと複雑です。その複雑な仕組みこそが、アメリカの住宅バブル崩壊が世界的な経済危機を招いた一因です。

住宅金融会社はお金を貸すことによって債権、つまりお金を返してもらえる権利を得ます。しかし、返してもらえるかどうかは不透明です。債権とともにリスクを抱えることになります。そのリスクを誰かに引き受けてほしいと考えます。その相手が投資銀行です。住宅金融会社は投資銀行に債権を売ることで、お金を得ることができ、そのお金をまた貸すことができます。お金が回収できないというリスクを抱えることなく、どんどん金を貸して住宅を売りつけることができるのです。

投資銀行（インベストメントバンク）というのは日本にはありません。商業銀行（コマーシャルバンク）と証券会社の中間的な金融機関です。

商業銀行は日本でいう普通の銀行です。顧客からお金を預かり、それを融資する

ことで金利を得て利益を上げます。証券会社は顧客から注文を受けて株の売買をするだけでなく、自己資金でも株を売買します。投資銀行はお金を預かることはしません。社債の発行や株の売買などによって自分で資金を集め、投資して利益を上げます。

住宅金融会社は債権を投資銀行に売り、そのお金をまたマイホームを持ちたい人に貸し、得た債権を投資銀行に売ります。こうしてマイホームを持てる人がどんどん増えていき、住宅バブルが発生しました。

この投資銀行のひとつがリーマン・ブラザーズです。投資銀行は住宅金融会社から大量の債権を買い取り、これを証券という形で小分けにして売ります。こうして金融商品を作ることを「債権の証券化」と呼びます。リーマン・ブラザーズはサブプライムローンの債権を証券化して販売し、大きな利益を得ていました。当時アメリカの証券業界で四位の資産規模にまで成長しました。

ちなみにリーマン・ブラザーズは日本と非常に関わりの深い会社です。リーマン・ブラザーズはユダヤ資本の会社です。アメリカ人は「リーマン」という名前を聞いただけでユダヤ資本だとわかります。リーマン、ゴールドマンなど「マン」が付く名前はユダヤ系である可能性が高いのです。

ユダヤ人は長らくヨーロッパで差別されていました。中世ヨーロッパのキリスト教社会で嫌われていた金融業、金貸しにしか活躍の場がありませんでした。そこで成功したリーマン兄弟が米国に渡って設けたのがリーマン・ブラザーズでした。

リーマン・ブラザーズがまだヨーロッパにいたころ、ユダヤ人がロシアで迫害を受けていました。そのロシアと戦おうとしていたのが日本です。日本は軍資金を集めるために国債を発行していました。リーマン・ブラザーズの前身の会社が日本の国債を世界中に売りさばいてくれたおかげで、日本はイギリスの戦艦を購入する資金を得ることができました。これによって日本海軍は日本海海戦でロシアのバルチック艦隊を破り、日露戦争に勝利したのです。

話を二十一世紀に戻します。

リーマン・ブラザーズは住宅金融会社からサブプライムローンの債権を引き受け、それを小分けにして販売していました。そもそもが住宅ローンの債権なので、住宅バブルが弾けたら価値がなくなってしまう金融商品です。そこで他の社債などの債権と混ぜてリスクを薄めようと考え、色々な債権を組み合わせた高金利の金融商品を生み出します。たとえ住宅バブルが弾けても、他の債権が含まれているから紙クズになることはないという理屈です。

こうした金融商品は比較的安全だとみなされ、金融商品の「格付け会社」が「トリプルA」といった高い評価をつけました。折しも世界経済は絶好調です。ありあまる資金がアメリカに流入し、リーマン・ブラザーズの金融商品は飛ぶように売れました。

しかしアメリカでは住宅バブルが弾け、住宅ローンの債権の価値は大きく下がっていました。他の債権と組み合わせて商品化されているため、発覚するのが遅れたのです。

発端になったのは「ヘッジファンド」でした。ヘッジファンドはもともと富裕層のリスクを回避（ヘッジ）して資産を減らさないような保守的な投資手法で運用をする会社でしたが、やがて「リスクを取って資産を増やします」という投資会社もヘッジファンドを名乗るようになりました。サブプライムローンの債権が組み込まれた金融商品は非常に金利が高いため、こうしたヘッジファンドも好んで購入していました。

アメリカの住宅バブルが弾けたという報道を見たフランスのヘッジファンドの顧客が「商品の価値が落ちているのではないか」と疑念を抱き、資産を引き揚げようとします。ヘッジファンドの返事は「きちんと損失の計算ができるまでお金を返せません」。この対応が不安を招き、ヨーロッパでヘッジファンドの取り付け騒ぎが起こりました。これがアメリカでも報道され、パニックが世界中に広がります。

大きな損失を抱えているのではないかと疑われたリーマン・ブラザーズは、事業を継続するための社債を売ることもできなくなり、上場以来初めての赤字に転落。資金繰りが困難になり破綻してしまいました。負債総額六一三〇億ドル（当時約六三兆八〇〇〇億円）はアメリカ史上最大規模でした。

同じ日に、アメリカ証券業界三位だったメリルリンチがバンク・オブ・アメリカへの身売りに合意したと発表されました。わずか一日でウォール・ストリートを代表する二社が破綻と合併に追い込まれました。

発端となったのは、住宅がほしい人にお金を貸す住宅ローンという単純な仕組みです。しかしアメリカの金融手法によって債権が転売され、大量の債権を組み込んだ高金利の金融商品に格付け会社がトリプルAをつけることで世界中の人たちが買いました。これによって「住宅ローンが返せなくなる」というリスクが世界中にばらまかれたのです。

リーマン・ブラザーズ破綻を機に起こった「リーマン・ショック」は先進国・新興国を問わず世界中に影響を与えました。リーマン・ブラザーズと取引していた多くの金融機関や企業が直接損失を被っただけでなく、金融機関同士のお金の貸し借りがストップし、企業も個人も融資を受けることができなくなりました。多くの企業が倒産し、雇用が失われ、消費が低迷。株価も暴落しました。

日本の金融機関はバブル崩壊後の不良債権の処理をしていたため、世界中で金融機関の破綻が相次いだのと比べれば、被害は少なかったとされています。しかし、日経平均株価は一カ月の間に四一・三％も下落。二十六年ぶりの安値を記録しました。

その後も日本経済は長期にわたって低迷しました。世界的な大不況をうけて、製造業などあらゆる業界で雇用が悪化し、非正規雇用者が解雇される「派遣切り」が社会問題になりました。バブル崩壊から立ち直ろうとしていた日本は再び不景気に見舞われ、立ち直ることができなくなりました。

金融緩和の出口とは？

二〇〇八年のリーマン・ショックによる影響もまだ癒えない二〇一一年、日本は東日本大震災に見舞われました。長引くデフレから抜け出せない危機的な状況の中、二〇一二年に政権奪取を果たした自民党の安倍晋三首相は「危機突破内閣」を自称しました。安倍政権が世界的に注目を集めたのが「アベノミクス」と呼ばれる経済政策です。

第一章でもふれたように、アベノミクスは「大胆な金融政策」「機動的な財政政策」「民間の投資を引き出す成長戦略」の三本の矢からなります。この「三本の矢」という言葉は、戦国武将、毛利元就《もうりもとなり》が三人の子どもたちに結束を説くために残した教えです。

一本では容易に折れてしまう矢でも、三本束ねれば頑丈になるという意味です。山口県選出の安倍氏が、中国地方の覇者・毛利元就にあやかって選んだ言葉でしょう。

一本目の矢「大胆な金融政策」を行なうため、まずは日本銀行の総裁を黒田東彦に代えました。それ以前の白川方明《まさあき》総裁は日銀出身だったため、大胆な金融政策ができないとみなし、財務省出身で、アジア開発銀行総裁の経験もある黒田東彦を総裁に据えたのです。

黒田日銀総裁はお札をどんどん刷って金融機関が保有する国債を大量に買い上げ、現金を大量に市場に供給するという「金融緩和」を行ないました。こうして市場に流れ込んだお金が、株式投資に向かい、株価が上がっていく。そう期待され、実際に株高を生み出すことに成功しました。

また、現金がふんだんにある状態では、お金を貸したい人が多く、借りたい人が少なくなるため金利が下がります。金利を下げてでも貸したい人が増えるからです。

現金がふんだんにある状態を国外から見ると、ドルの量は変わっていないのに、日本円が世の中にふんだんに出回ることになり、円の価値が下がります。つまり円安になります。円安になると輸出産業が活発になります。

黒田総裁は「消費者物価上昇率が二％になるまで続ける」と宣言し、金融緩和を「黒田バズーカ」と呼ぶほど、市場の期待を上回る規模で行ないました。これによって「当分の間、金融緩和は続く」とみた外国人投資家がまず日本株を買い始め、その後、日本人投資家が追随することで、株価がみるみる上昇し始めました。アベノミクスはバブルとも言えるほどの株高を生み出したのです。

第二の矢である「機動的な財政政策」は、いわゆるバラマキです。民主党政権時代、「コンクリートから人へ」というキャッチフレーズのもとで公共事業は抑えられていました。これを復活させて地方経済を活性化し、デフレ脱却を狙いました。

第三の矢「民間の投資を引き出す成長戦略」は展望が見えません。第一の矢、第二の矢は日本経済を目覚めさせるためのショック療法と言えます。

これによって浮上した景気を、中長期的な成長につなげていくのが成長戦略です。成長戦略が描けないのは安倍政権以前からの日本の課題です。アメリカのＧＡＦＡＭのような革新的な産業が日本から生まれる気配がありません。

アベノミクスによって世の中に供給されたお金は、株や土地への投資へと向かい、株価や土地の価格の上昇をもたらしました。株価が上がり、お金持ちがお金を使うようになると社会全体が活気づきます。公共事業によって地方の経済も活性化されました。コロナ禍前までは多くの雇用も生み出したのは事実です。第一の矢、第二の矢はひとまず成果を上げたと言えそうです。しかし、アベノミクスの副作用も明らかになっています。

公共事業を増やしたことで国の借金が増えています。つまり、国債の発行が増えているのです。

日本の国債は主に金融機関が買っています。たとえば銀行は満期になると一〇〇万円戻ってくる国債を九八万〜九九万円といった価格で買い、その差額である一万〜二万円を利益にしています。

しかし超低金利が続いているため、銀行は一〇〇万円の国債を一〇〇万円で買うような状態になっています。それでも銀行が国債を買うのは、日銀が引き取ってくれることがわかっているからです。極端に表現すれば、日銀は一〇〇万円の国債を、銀行から一〇一万円で買い取るような状態です。

日銀が国債を国から直接引き受けることは現状では行なっていません。これをやると政府は際限なく国債を発行でき、日銀はいくらでもお札を発行できます。戦時中に同様のことを行ない、ひどいインフレを招いたことがあります。そこでいままでは、日銀は銀行から国債を買い上げ、同じ額のお金を発行し、市場に流すお金をコントロールしています。

日銀が毎年数十兆円もの国債を買い続けたことで、政府が発行する長期国債のおよそ半分を日銀が持っている状態になっています。世界でも類をみない量です。

国にとっては利子を払わず借金ができる良い状態ですが、将来、金利が上がると日銀が過去に買っていた低金利の国債の価値が下がり損失を出します。本来、日銀は国債を銀行から買うことで利益を得て、政府に納付します。しかし今後は日銀の債務超過が懸念されます。民間の銀行と違って破綻しないという意見もありますが、日銀が信頼を失えば、日本円そのものの価値に影響が出る恐れがあります。

国債を扱うのは主に金融機関ですが、その価格や長期金利は私たち国民にも大きな影響を及ぼします。長期金利は住宅ローンなどの金利の基準になっているからです。国債の価格と長期金利はシーソーのような関係にあり、国債の価格が下がると、長期金利が上がります。

そこで日銀は、満期の長い長期国債も買って長期金利が上がらないように必死になっています。

アベノミクスが狙った円安も、大きなデメリットをもたらしています。輸出には有利にはたらきますが、石油・天然ガスなどエネルギーの多くを輸入に頼る日本には逆風となっています。特にロシアのウクライナ侵攻以降、エネルギーや原材料費の値上がりによって、あらゆるモノの価格が急上昇しています。

アベノミクスは消費者物価上昇率二%を目標にしていましたが、二〇二二年、通年の上昇率は二・三%となりました（変動の大きい生鮮食品は除きます）。二〇二二年十二月には四・〇%となり、四十一年ぶりの上昇率を記録しました。目標としていた消費者物価上昇率は達成されたのですが、国民の生活は苦しくなるばかりです。

景気の良すぎるアメリカは利上げを続けてインフレを抑えようとしています。高金利のドルがますます買われ、円安が進むことになります。

こうして「安い日本」が定着してしまい、海外に行った日本人はあまりの物価の高さに驚かされ、日本が貧しくなったことを実感させられるのです。

株高と円安によって、一見、景気がよくなったかのように見えましたが、日本全体としてはきわめて貧しくなっているのが現状です。

先行きが見通せない中、いったい金融緩和をいつまで続けるのかという「出口戦略」が問題になっています。

安倍元総理の肝入りで据えられた黒田日銀総裁は任期を終え、新たに植田和男氏が起用されました。日銀総裁は歴代、日本銀行や旧大蔵省・財務省の出身者が務めてきましたが、植田氏は経済学者。戦後初めてのことです。総裁就任を予想できた人はいなかったのではないでしょうか。といっても、ＦＲＢ（米連邦準備制度理事会）議長を務めたベン・バーナンキやジャネット・イエレンのように、中央銀行のトップを学者が務めるというのは世界的には珍しいことではありません。

円安を止めるには金利を上げればいい。しかし金利を上げれば景気が悪くなってしまう。このジレンマからどう脱出すればいいのか、政府と植田日銀総裁の舵取りが問われています。

第四章

日本が抱える
社会課題

メディアは権力を監視しているか？

高市早苗大臣の「停波」発言

二〇二三年三月、総務省が内部文書を公開しました。二〇一五年、当時の安倍内閣が政権に批判的なテレビ番組に対して、圧力をかけようとした経緯が記されたものです。七八ページにおよぶ文書は、総務省の職員が作成したとされます。後々問題になったとき責任を押し付けられかねないと察した官僚が記録を残したのだと推測されます。

具体的には二〇一五年三月六日、首相官邸で行なわれた会議の席上、安倍氏の腹心だった礒崎陽輔《ようすけ》首相補佐官が、ＴＢＳの特定の報道番組が政権に批判的だと主張。

放送法における政治的公平について、従来の解釈を変更するように総務省に促したというものです。

政府は従来、「放送事業者の番組全体」で政治的公平を判断するとしていました。これをひとつの番組のみで判断できるようにしようというのです。つまり従来は「政権に批判的な番組と肯定的な番組が両方あれば公平」とみなしていましたが、「ひとつでも否定的な番組があれば放送局全体を不公平とみなす」と変えたいのです。

安倍氏は特定のテレビ番組が政権批判を繰り返し行なうことがお気に召さなかったようです。総務省の文書から、ひとつでも公平でない番組があれば、テレビ局全体を公平でないとみなすように、補佐官を通じて総務省にはたらきかけを行なったことが窺《うかが》えます。

この約二カ月後、当時の高市早苗総務大臣が国会でこう答弁しています。

「政府のこれまでの解釈の補充的な説明として申し上げますが、ひとつの番組のみでも、国論を二分するような政治課題について、放送事業者が一方の政治的見解を取り上げず、殊更《ことさら》に他の政治的見解のみを取り上げてそれを支持する内容を相当の時間にわたり繰り返す番組を放送した場合のように、当該放送事業者の番組編集が不偏不党の立場から明らかに逸脱していると認められる場合といった極端な場合においては、一般論として政治的に公平であることを確保しているとは認められないものと考えます」（二〇一五年五月十二日、参議院総務委員会）

安倍氏の意向を汲んだ形で、放送法の「政治的公平」の判断基準を変える答弁となっています。では、番組が「公平でない」と判断された場合、どうなるのでしょう？

高市氏は翌年、こんな発言をしています。

「放送事業者が極端なことをしても、仮に、それに対して改善をしていただきたいという要請、あくまでも行政指導というのは要請になりますけれども、そういったことをしたとしても全く改善されない、公共の電波を使って、全く改善されない、繰り返されるという場合に、全くそれに対して何の対応もしないということをここ

でお約束するわけにはまいりません」（二〇一六年二月八日、衆議院予算委員会）

「私自身が総務大臣のときに電波の停止といったようなことはないだろうと思うけれども、ただ、将来の総務大臣にわたってまで、いま申し上げたような要件をずっと放送事業者が繰り返して全く公正な放送が行なわれない、そして改善措置もなされないというときに、法律に規定されている罰則規定を一切適用しないということについてまでは担保できません」（二〇一六年二月九日、衆議院予算委員会）

テレビ局などの放送事業者は総務省から免許を受けて放送を行なっています。そのトップである総務大臣が、「公正な放送」が行なわれない場合、国が介入する可能性を表明し、電波停止（停波）を命じる可能性を匂わせました。

高市氏は放送法を権力の武器として使おうとしたようです。しかし、そもそも放送法は、放送事業者の自由な表現を保障するために作られたものです。

放送法は一九五〇年、電波法、電波監理委員会設置法とともに電波三法のひとつとして制定されました。その目的は「放送を公共の福祉に適合するように規律し、その健全な発達を図ること」。公正で偏《かたよ》りのない放送をするために編集の基準を設けることなどが求められています。放送法はあくまで自らを律するルールであり、放送事業者が何者の干渉も受けることなく、放送表現の自由を確保するための法律なのです。

高市氏の「停波発言」は、まるで中国政府かロシアの政府かと思うほど、驚くべきものでした。欧米の民主主義国なら大問題になるでしょう。もちろん日本でも問題になりましたが、高市大臣はその後も主張を変えませんでした。

かつて福田康夫内閣時代、増田寛也総務大臣は電波の停止や制限といった行政処分についてこう答弁しています。

「国民生活に必要な情報の提供が行なわれなくなったり、それから表現の自由を制約するという側面もあるということから極めて大きな社会的影響をもたらす。したがって、そうした点ももろもろ考えながら慎重にこうした問題は判断してしかるべき」（二〇〇七年十一月二十九日、衆議院総務委員会）

電波停止は「伝家の宝刀」であり、きわめて慎重になるべきだと従来は考えられていました。これをあからさまに誇示するようになった安倍政権以降、表現の自由は明らかに後退しています。放送の現場は、たとえ実際に圧力をかけられることがなくても、無言のプレッシャーを感じて「面倒なことになりそうだからやめておこう」と萎縮しかねません。

テレビ界に影響力を持った田中角栄

ＮＨＫによるテレビ放送が始まったのは一九五三年二月のこと。世の中ではラジオが主流で、個人がテレビを持つような時代ではありませんでした。電器店の店頭に街頭テレビが置かれ、白黒テレビで放送される大相撲中継に人だかりができました。

同年八月には初めての民間テレビ局、日本テレビ放送網が開局。続いて一九五五年四月には、ラジオ東京テレビジョン（後のＴＢＳテレビ）が開局しました。日本は高度経済成長を迎え、テレビは冷蔵庫・洗濯機と並ぶ「三種の神器」として急速に普及が進みます。

テレビ放送の免許申請が一〇〇局を超える中、一九五七年、ニッポン放送・文化放送・松竹・東宝・大映が申請した富士テレビジョン（後のフジテレビジョン）、東映・旺文社などが申請した日本教育テレビ（後のテレビ朝日）に予備免許が交付されました。

この年、田中角栄が郵政大臣に就任。テレビ放送の免許交付は郵政省の管轄でした。日本テレビの経営が好調だったことから、新聞社を中心に多くの企業がテレビ局を設立したがりましたが、郵政省は免許の交付に慎重でした。しかし田中角栄は、競合する各社を調整し、三一の地域で、ＮＨＫ七局、民放三四社・三六局に予備免許を交付しました。

田中角栄はこれによって多くの放送局・新聞社に恩を売ることができました。田中角栄が政治家として権勢をふるうきっかけになったのがテレビ放送だったのです。

ベトナム戦争の報道で、政治がメディアに干渉

テレビによって、世界中のニュースが映像でお茶の間に伝えられるようになりました。初めてテレビによって伝えられた戦争といわれるのがベトナム戦争です。もともとは南北ベトナムの内戦でしたが、北ベトナムに旧ソ連・中国が、南ベトナムにアメリカが加勢したことで、「西側・資本主義・自由主義陣営」と「東側・共産主義・社会主義陣営」が長期にわたって対立する悲惨な戦争に発展しました。

一九六五年、毎日新聞の記者、大森実《みのる》が北ベトナムに入りました。西側の記者が北ベトナムに入ったのは初めてのことです。それまでアメリカ寄りのニュースしか報道されていなかったため、共産主義の脅威から南ベトナムを守るアメリカの正義が強調されていました。しかし、大森はアメリカ軍が北ベトナムの病院を空爆したことを伝えます。

すると駐日アメリカ大使が「事実に反する」と非難。毎日新聞はアメリカに謝罪し、大森は毎日新聞を去りました。

一九六七年にはＴＢＳが西側のテレビとして初めて北ベトナムに入り、ハノイ市民の日常を伝えました。すると政府はこの番組「ハノイ　田英夫《でんひでお》の証言」を「反米的」と批判。自民党や田中角栄（当時幹事長）などがＴＢＳの幹部に圧力をかけました。放送免許を更新しないこともほのめかしたとされます。田英夫は「ＪＮＮニュースコープ」のキャスターを降板しました。後に日本社会党から参議院選挙の全国区に立候補。一九二万票を獲得してトップ当選を果たし、三十四年にわたって国会議員を務めました。

東西冷戦下で行なわれたベトナム戦争では、メディアが権力の露骨な干渉を受けました。テレビの普及によってメディアの影響力が大きくなり、権力側が警戒感を強めたからとも言えるでしょう。

政治とメディアの関わりの中で、象徴的な事件として記憶されているのが佐藤栄作総理の「新聞は偏向している」という発言です。一九七二年六月、佐藤総理は退陣表明の記者会見でこう切り出しました。

「新聞記者の諸君とは話をしないことになっている。僕は国民に直接話したいんだ。新聞になると、文字になると違うからね。偏向的な新聞は嫌いなんだ。大嫌いなんだ」

新聞記者たちは抗議のため記者会見場から去り、佐藤総理がテレビカメラに向かってひとりで語るという異例の会見となりました。メディアの厳しい監視にさらされることが耐えられなかったようです。

掟破りの雑誌ジャーナリズムが台頭

一九七四年十月、『文藝春秋』十一月号に「田中角栄研究—その金脈と人脈」という特集が掲載されました。田中角栄がどのように莫大な資産を築いているのか、ジャーナリストの立花隆が詳細な取材で明らかにした記事です。

実は田中角栄の錬金術については、新聞社の政治記者たちはうすうす知っていました。しかし新聞社はこの問題を取材することはありませんでした。『文藝春秋』の記事も無視されました。

第三章で記したように、こうした身内の事情とは関係のない外国人記者たちが田中にストレートに質問したことで、ようやく日本の新聞やテレビが伝えるようになりました。雑誌ジャーナリズムの勝利です。

一九八九年六月三日、宇野宗佑《そうすけ》内閣が発足しました。そのわずか三日後、『サンデー毎日』が宇野首相の女性スキャンダルを掲載。神楽坂の元芸妓が「愛人になれば月にこれだけ出す」と指三本で示されたと告発する記事でした。

当時、政治家の異性問題が表沙汰になることはほとんどありませんでした。「下半身のことは書かない」というのが日本の報道の常識だったからです。この掟を破り、あえて掲載した『サンデー毎日』編集長は鳥越俊太郎氏でした。『サンデー毎日』の報道を海外メディアが取り上げると、国内でも大きなニュースになりました。痛手を負った宇野首相はわずか六九日で退陣に追い込まれました。

現在の文春砲に代表されるように、雑誌は時に世の中を揺るがすような特ダネをモノにします。新聞やテレビと資本関係がなく、大手報道機関の記者からなる記者クラブに所属していないという独自の立ち位置を強みに、他のメディアとは違った手法で取材活動をすることができます。

小泉純一郎のメディア利用とポピュリズム

メディアに監視されることを嫌う政治家が多い中、逆にメディアの使い方に長《た》けた政治家もいます。メディアとの関わり方を大きく変えたのが小泉純一郎です。

かつて記者が総理にひたすらついて回ってコメントを求めるぶら下がり取材が欠かせないとされていました。これを小泉純一郎は午前と夕方一回ずつ記者会見をするというスタイルに変えました。庶民的な話題にも積極的に答えたことで好感度アップ。女性誌のインタビューにも登場し、支持率向上につなげました。「小泉内閣メールマガジン」を発行したのも画期的でした。

こうして小泉純一郎が人気を集める中、「ポピュリズム」という言葉が聞かれるようになりました。もともとは、一部のエリートではなく大衆を尊重するポジティブな思想ですが、一般に「大衆迎合」「衆愚政治」「反知性主義」といった意味合いで使われます。たとえば、大衆にウケの良いキャッチフレーズで人気をとったり、エリート層を批判して大衆の味方だと訴えたりするには、メディアを使うのが効果的です。

小泉純一郎が郵政民営化を実行しようとした際、反対派を「抵抗勢力」と呼び、自分は守旧派と戦う改革派であるというイメージを打ち出しました。小泉が敵と戦う姿をテレビで繰り返し見ているうちに、多くの人が郵政民営化は正しいことだと感じたのではないでしょうか。

小泉純一郎が行なった改革によって痛手を負うのは低所得者層でした。しかし、低所得者層こそ小泉を支持していたのです。とにかく現状を変えてほしいという願いから小泉に期待していたのです。

二〇〇五年の「小泉ブーム」も、二〇〇九年に政権交代を果たした「民主党ブーム」も、二〇一〇年の「みんなの党ブーム」も、具体的な政策ではなく「とにかく現状を変えてほしい」という期待感に応えた勢力が勝ちました。しかし、その思いが叶えられることはありません。目先の選挙や支持率のために、政治家が人気取りに走り、選挙に勝ったら何もしない。そんなポピュリズムが蔓延しています。

ポピュリズムは政治にはつきものです。国民の支持がなければ政治はできないからです。しかし、国民の歓心を買うようなことばかりやっていては、国が成り立たなくなります。債務危機に見舞われたギリシャでは、緊縮財政が必要にもかかわらず、裏付けのないバラマキ政策を訴えた「反緊縮派」が選挙で大勝をおさめました。世界中がポピュリズムに悩まされているのです。

メディアへの監視を強めた安倍政権

かつては新聞が目の敵にされましたが、テレビの影響力が大きくなるにつれ、政府は警戒感を強めるようになりました。特に安倍政権は積極的にメディアを監視し、コントロールしようとしました。

選挙期間中、テレビ局は放送法に違反しないように、自ら政治的公平に配慮しています。しかし、安倍政権時代の二〇一四年、自民党が在京テレビ局に対して「選挙報道に偏りがないように」と、わざわざ文書で申し入れを行ないました。その結果、政治についての討論番組が激減。「申し入れ」があっただけですが、面倒を避けるため現場が萎縮してしまったのです。

安倍政権は申し入れだけでなく、抗議も積極的に行ないました。テレビ番組やニュースを事細かにチェックし、意に沿わない内容には頻繁に抗議しました。テレビ局は自粛ムードに覆われていました。

私自身、テレビ番組で政権の政策について客観的な解説をすると、すぐに政府から「ご説明に上がりたい」と連絡が来ました。決して訂正しろというわけではありません。政府の立場を説明したいというだけですが、結局は政権寄りの解説をしてほしいという意図でしょう。

こうした働きかけを繰り返し受けていると、いやおうなしに表現に気をつけるようになります。ずっと続けていれば、何も言われなくても、はじめから面倒なことにならないよう忖度した内容の番組ばかりになってしまうでしょう。

政府からの働きかけの総仕上げが、高市早苗大臣の「停波」発言です。メディアは権力を監視するという機能を失い、監視され、管理され、利用される側になりかねません。

日本の「報道の自由度」G7で最下位

パリに拠点を置く非政府組織、国境なき記者団は毎年「報道の自由度ランキング」を公表しています。二〇二三年に発表されたランキングで、日本は一八〇カ国中の六八位。主要七カ国（G7）の中では最下位となっています。

二〇一〇年には一一位でしたが、一三年には五三位、一四年には五九位と下落が続きました。東日本大震災で東京電力福島第一原子力発電所の事故が起きた際、十分な情報公開が行なわれなかったことが大きく順位を下げた主な要因でした。

民主党政権時代に順位が高かったのは、政府の記者会見がネットメディアなどにも開放されたことが貢献しました。

その後、第二次安倍政権になると、ネットメディアやフリーランスは挙手してもほとんど指名されない状態になりました。記者会見の司会者が「平河クラブに限り、質問を受け付ける」と宣言したこともあります。平河クラブとは自民党を担当する記者の団体です。海外のメディアには露骨なメディア操作に映ったことでしょう。

メディアが忖度する相手は政府だけではありません。大企業の影響力が強まり、記者や編集者が都合の悪い情報を報じることを自粛する「自己検閲」を行なっていると指摘されています。

日本の政府やメディアは海外から厳しい目で見られています。

メットメディアの台頭

インターネットで気軽に動画を配信・視聴できるようになり、かつてテレビや新聞が独占していた政治家の記者会見をノーカットで見られるようになりました。従来、政治家の言葉を直接聞けるのは記者だけであり、国民は編集された記事を読み、短く切り取られた映像を見るしかありませんでした。

しかし、いまでは誰もが平等に、政治家の主張にアクセスできるようになりました。

官庁の公式発表もすべてホームページに掲載されています。政治家が国会でどんな発言をしたのか、その前後の文脈までもすべて知ることができます。

政治家から見れば、何を書かれるかわからない記者を経由することなく、自分の言葉をダイレクトに有権者に届けることができるのです。

記者はただ情報を伝えるだけでは生き残れないでしょうが、決して仕事がなくなるわけではありません。情報の量だけは莫大にあるのですが、有効に活かすにはノウハウが必要です。この言葉にどんな意味があるのか、国民の生活にどんな影響があるのか、分析と解説は今後ますます必要とされるでしょう。

テレビや新聞がネットのメディアを見下すような風潮は、かつてほどはなくなりました。ネットでしか得られない情報も多く、重要な情報源となっています。

一方、ネットの側からマスコミへの風あたりは強まっているようです。「マスコミの報道は偏向している」と主張し、真実はネットにしかないと考えている人もいます。

人それぞれ信じるものがあっていいとは思いますが、ネット上のトレンドが世論ではないということはあるでしょう。ネット上に書き込みをする人、情報発信する人はごく一部です。ほとんどのネット利用者は読むだけ・見るだけです。そのため、ネット上でブームになっていても、ごく一部の人たちが頻繁に投稿を行なっているだけであり、世の中全体ではまったく知られていないということはよくあります。

インターネットは非常に自由な空間です。中国のようにネットに対しても厳しい検閲を行なって規制している国もありますが、幸い現在の日本では、政府が介入しようにもできません。ネットによって政治の世界がすぐに変わるということはなさそうですが、選挙への活用など、いままでになかった国民と政治との関わり方が生まれるのではないかと期待しています。

原子力、エネルギー問題

唯一の被爆国がなぜ原発を推進するのか？

二〇二二年、電気料金の値上げが家計を直撃しました。ウクライナ情勢による世界的なエネルギー争奪戦で、液化天然ガス（ＬＮＧ）の価格が高騰したことが主な原因です。日本は世界第二位のＬＮＧ輸入国。電力の四割近くをＬＮＧでまかなっているため価格高騰の影響を受けやすいのです。

だからといって他のエネルギーに移行することもままなりません。再生可能エネルギーの普及はまだまだ道半ばですし、かつて電力の約三割を占めていた原子力発電所の多くが停止したままだからです。

二〇一一年三月、東京電力福島第一原子力発電所は東日本大震災による大津波に見舞われました。その結果、非常用の発電機も含め、すべての電源を失ったことで制御不能に陥り、三つの原子炉がメルトダウン（炉心溶融《ろしんようゆう》）を起こすという大事故に至ってしまいました。これを機に、国内の原子力発電所はすべて運転を停止しました。

しかし政府は原発の再稼働に前向きです。

二〇一四年四月、安倍内閣は「原子力規制委員会により世界で最も厳しい水準の規制基準に適合すると認められた場合には、その判断を尊重し原子力発電所の再稼働を進める」という方針を閣議決定しました。二〇一五年八月には鹿児島県の川内《せんだい》原発一号機が再稼働。二〇二三年三月までに一〇基が再稼働を果たしています。

日本政府はなぜ原発の再稼働を急ぐのでしょう？

日本の電力は石炭・液化天然ガス（ＬＮＧ）・石油といった化石燃料による火力発電、水力発電、原子力発電、太陽光・地熱などの再生可能エネルギーでまかなわれています。

二〇一〇年度には原子力が発電量の二八・六％を占めていましたが、二〇二一年度には六・九％へと低下。原子力による電力がなくなった分を補っているのが火力です。二〇一〇年度には六一・八％でしたが、二〇二一年には七二・九％に増えています。再生可能エネルギーの割合が増加しているとはいえ二〇・三％にすぎません。まだまだ火力が主力なのです。

こうした中でＬＮＧの価格が急騰しました。二〇二二年、世界経済はコロナ禍から回復しつつあり、エネルギー需要が拡大していました。そして、ロシアがウクライナに侵攻。冷戦時代にさえ続いていたロシアからヨーロッパへのパイプラインによる天然ガスの安定供給が断たれました。ヨーロッパ各国がロシア以外からＬＮＧを輸入し始めたことで争奪戦が激化し、価格高騰が日本の電気料金を押し上げたのです。

エネルギー価格や電気料金の高騰はあらゆる産業に悪影響を及ぼします。コロナ禍から回復しつつある日本経済のために、化石燃料への依存度を下げてくれる原発再稼働に期待する声が経済界を中心に高まっています。

これに加えて日本は二〇三〇年度までに温室効果ガスの排出量を四六％削減する

という目標を国際公約として掲げています。世界的な脱炭素の潮流もまた原発再稼働を正当化する根拠としてあげられます。

こうして政府としては原発の再稼働を推し進めようとしていますが、実際に再稼働にゴーサインを出すのは政府ではありません。原子力規制委員会という環境省の政府機関です。前身は原子力安全・保安院という経済産業省資源エネルギー庁の機関でしたが、推進側の経産省が規制側の機能を併せ持っている点が批判され、二〇一二年に新しい組織として設けられました。

原子力規制委員会は原発に対する新しい規制基準を作成し、既存の原発に対して適合性を審査してきました。その結果をもとに再稼働が行なわれています。

その新基準は「世界でも最も厳しい規制基準」とされていますが、本当に世界で最も厳しいのかという点については異論もあります。さらに、原子力規制委員会の田中俊一委員長は「基準の適合性を審査した。安全だとは言っていない」と述べています。

つまり、政府は「原子力規制委員会が安全かどうかを審査し、判断している」と考え、原子力規制委員会は「安全かどうかを審査しているわけではない」と主張しています。仮に再稼働した原発が再び事故を起こしても、誰も責任をとらないのではないでしょうか?

もっとも、原子力規制委員会がゴーサインを出しても、必ずしも再稼働できるとは限りません。住民が運転差し止めを求める裁判を起こし、裁判所が運転差し止めを命じる判決を出した例もあれば、電力会社の異議申し立てを受けて差し止めの決定を取り消した例もあります。そもそも安全が担保されているのかどうかの政府の立場が明確でないために、裁判所の司法判断によって原発の再稼働が左右されているのです。よく言えば、民主主義の原則である「司法の独立」が保たれているとも言えるのでしょうが。

このように誰も安全を保証できない原発が、東日本大震災以前は五四基あり、電力の約三割を担っていました。唯一の被爆国である日本がこれほど多くの原発を持つに至った背景には、アメリカの思惑も受けた政府の推進政策があります。

読売新聞がPRした「原子力の平和利用」

日本は広島と長崎に原爆を投下され、世界唯一の被爆国となりました。しかし戦後またしても核兵器の被害を受けます。

一九五四年三月一日、南太平洋ビキニ環礁でアメリカが水爆実験を行ないました。これによって生じた「死の灰」（放射性降下物）を、日本の遠洋マグロ漁船「第五福竜丸」の乗組員たちが浴びてしまったのです。もちろんアメリカは周辺に立ち入り禁止区域を設けていました。しかし、第五福竜丸がマグロ漁をしていたのはその外側でした。

乗組員たちは当初、なぜこんな南洋で雪が降るのだろうと面白がっていたそうです。数日後、乗組員二三人は頭痛や嘔吐、下痢に苦しめられます。髪の毛が抜けたり、死の灰に触れた皮膚が火傷のようにただれたりした人もいました。

二週間後に所属の焼津港に戻った乗組員たちは全員が米軍の輸送機で東京に移送され、入院しました。急性放射線障害の症状でした。

当時の読売新聞焼津通信部の記者は放射能について知識を持っていませんでしたが、下宿先で「漁船員が原爆の被害を受けて入院したらしい」と聞き、工業高校の生徒だったその家の息子がアメリカ軍の水爆実験のことだと気づきました。

読売新聞の特ダネとしてこの事実が報道されると、日本中が大騒ぎになりました。漁船が持ち帰ったマグロからは、高いレベルの放射線が検出され、すべて廃棄処分となります。日本中で魚が売れなくなり、風評被害によって全国で漁獲物が大量に廃棄されました。被曝したのは第五福竜丸だけでなく、一四二三隻だったと後に明らかにされました。

被曝から約半年後、重症だった無線長の久保山愛吉さんが死亡します。米国は急性放射線障害ではなく、治療時の輸血による肝炎で亡くなったと発表しました。

しかし、「原水爆の被害者は私を最後にしてほしい」という久保山さんの最期の言葉が報じられ、原水爆禁止に向けた気運が高まりました。一九五五年には第一回原水爆禁止世界大会が広島で開催され、原水爆禁止日本協議会（原水協）が結成されました。

一方で、原子力の平和利用として、原子力発電所の建設に向けた準備がアメリカとともに着々と進められていました。戦時中「マンハッタン計画」で核兵器の開発を推進していたアメリカは戦後、核の平和利用を訴える方針に転じました。すでに大量の人を雇い、原子炉をたくさん造っていたため、戦争が終わって核兵器が必要なくなったからといって解雇するわけにはいきませんでした。雇用対策の意味もあったのです。

一九五三年、アイゼンハワー大統領は国連総会で「Atoms for Peace」（平和のための原子力）と題したスピーチを行ないました。ソ連との冷戦が始まっており、すでに水爆実験を行なっていたソ連の核技術が同盟国に広まるのを牽制する意図がありました。

日本はアメリカの「平和のための原子力」の考えに同調しました。国会で二億三五〇〇万円という巨額の原子力研究予算を獲得するのに貢献したのが中曽根康弘でした。当時三十五歳だった中曽根は野党・改進党の議員でした。自民党の予算案に賛成する代わりに、原子力研究開発を認めさせたのです。

二〇一一年、私が生前の中曽根にインタビューした際、二億三五〇〇万円という金額は「いくらかかるか誰もわからなかったから、核分裂するウラン235にちなんで決めた」と聞かされ驚いた覚えがあります。ただの語呂合わせだったのですね。

第五福竜丸事件によって、日本人はあらためて核の恐ろしさを知らされました。こうした中で「原子力の平和利用」を進めていくにあたって大きな役割を果たしたのが新聞社です。

先陣を切った読売新聞社は「ついに太陽をとらえた」というタイトルで原子力の平和利用を呼びかける連載を始めました。一九五四年、東京の伊勢丹で「だれにもわかる原子力展」を主催。

一九五五年にはアメリカ広報庁と共催で「原子力平和利用博覧会」を開催し、日比谷公園に三六万人の来場者を集めました。この模様は読売新聞社系列の日本テレビでも放映されました。キャンペーンは全国で展開され、なんと広島でも読売新聞と中国新聞が共催で「平和のための原子力」という展示会が開かれました。

一九五六年一月、原子力委員会が設けられました。初代の委員長は読売新聞社の社主、正力松太郎でした。正力は「採算の取れる原子力発電所を五年以内に建設する」と発言。性急すぎるとして他の委員らの反発を呼びました。ノーベル物理学賞を受賞した湯川秀樹は委員を辞任してしまいます。正力松太郎には原子力発電所をいち早く稼働させ、それを手柄に総理大臣になりたいという野心があったとされています。

一九五七年には日本原子力発電株式会社（原電）が誕生しました。同年八月、茨城県東海村の原子炉で初めての「臨界」を達成しました。原子炉内でウランが核分裂の連鎖反応を起こす状態を保つことに成功したのです。新聞は「原子の火が灯った」と報じました。

湯川秀樹は日本で独自に研究をし、技術を蓄積していくべきだと主張しました。結果論になりますが、もし湯川秀樹の主張が認められていれば、日本の原子力発電所稼働はもっと遅れたかもしれません。しかし、後に述べるように、アメリカのゼネラル・エレクトリック（GE）に指示されるままに、津波対策のなされていない原子力発電所を造るようなこともなかったかもしれません。

「護送船団方式」で原発が全国に

一九六六年、原電は東海村で商業用原子炉の運転を開始しました。原発の建設が現実味を帯びる中、どこに造るのかが問題になりました。電力会社は過疎地を建設候補地に選びました。雇用を生み出し、地域の活性化につながるというふれこみでしたが、「危険だから過疎地に造るのだろう」と受け止める者も多く、各地で反対運動が起こりました。

一九七四年、田中角栄内閣は「電源三法」を成立させました。「電源開発促進税法」「電源開発促進対策特別会計法」「発電用施設周辺地域整備法」の三つを指します。要は「原発を受け入れた自治体に交付金を支払う」という法律です。財源は電力料金に課された税金です。

ガソリンに税金をかけ、道路建設に使う道路特定財源と同様の仕組みです。すでに火力発電所や水力発電所についても交付金はありましたが、原発の交付金は二倍。建設を受け入れた自治体の財政は潤い、公民館、体育館、図書館などの施設が次々に建てられました。

全国に原子力発電所が造られていく過程は実に日本的な「護送船団方式」でした。護送船団というのは戦時中に使われた言葉です。米軍の潜水艦に狙われるのを防ぐため、海軍の駆逐艦が物資を運ぶ貨物船の船団を護衛していました。駆逐艦は一隻しかないため、船団がバラバラでは守りきれません。そこで一番遅い船に合わせて一団となって航行するのが「護送船団方式」です。転じて、弱者を保護し、競争を避けて横並びで共存を目指す保護政策をこう呼びます。たとえば、かつて日本の銀行は、金利も手数料も営業時間も同じ。厳しい規制によって新規参入も困難でした。これによって銀行の経営は安定し、金融システムは安定しますが、健全な競争が行なわれず、革新も起こりません。

日本の電力業界はこの「護送船団方式」によって原子力発電所を全国に建設してきました。

原発を自力で造る技術力のなかった日本は、アメリカから原子炉を輸入し、建造や運転の技術を取り入れました。米国製の原子炉には加圧水型軽水炉（ＰＷＲ）と沸騰水型軽水炉（ＢＷＲ）の二種類があります。日本では電力会社ごとに採用した原子炉のタイプが異なりました。

一九六六年四月、関西電力はウエスチングハウス（ＷＨ）社製の加圧水型軽水炉を導入。翌月、東京電力がゼネラル・エレクトリック（ＧＥ）社製の沸騰水型軽水炉を導入しました。

科学的・経済的な検討がなされたからではありません。関西電力は従来から三菱重工との関わりが深く、三菱重工がウエスチングハウスと提携していたため加圧水型軽水炉を採用しました。東京電力は東芝・日立製作所と親密だったため、両社と提携していたＧＥと組んだのです。

その後、加圧水型が北海道電力・四国電力・九州電力に、沸騰水型が東北電力・中部電力・北陸電力・中国電力に導入されます。加圧水型・沸騰水型は数の上で拮《きっ》抗《こう》しており、「ＷＨ—三菱」「ＧＥ—東芝・日立」という二つの系列が仲良く利益を分け合えるよう通産省が割り振ったのではないかと推測されています。決して明確な証拠が残されることはありませんが、こうした不文律は日本の産業政策のいたるところでみられます。

こうして全国に五四基の原発が造られ、きわめて日本的な作法が重んじられる「原子力村」ができあがってきたのです。

第二の敗戦、東日本大震災の衝撃

原子力発電の歴史は決して平坦ではありませんでした。いくつか重大な事故が起きています。

日本では一九七四年、原子力船「むつ」が太平洋上で実験中、放射線漏れ事故を起こしました。原子炉を動力源として航行する船としては、ソ連・アメリカ・ドイツに続く四番目のものでした。当時「絶対に安全」とPRされていた「夢の船」が事故を起こしたことで、原子力発電所の反対運動が全国で拡大しました。

一部のマスコミが「放射能漏れ」と誤って報じたことも不安をかきたてました。放射能とは「放射線を出す能力」のことで、放射性物質とほぼ同じ意味です。放射性物質が原子炉から漏れ出たのなら大変な事故ですが、実際はわずかな放射線が漏れただけでした。しかし、これ以降、日本で原子力船が建造されることはありませんでした。

一九七九年三月にはアメリカ・ペンシルベニア州のスリーマイル島原子力発電所

で事故が起こります。二号機で給水ポンプが故障し、原子炉が緊急停止。操作ミスが重なったことでメルトダウン（炉心溶融）が起こり、放射性物質を含む汚染水が建屋内に漏れました。こちらは本当に放射性物質が漏れ出た重大事故です。周辺はパニックに陥り、住民一二万人以上が避難しました。

一九八六年にはチェルノブイリ原子力発電所が大規模な事故を起こしました。チェルノブイリは現在のウクライナにありますが、当時は旧ソ連に属していました。日本や欧米とは異なる黒鉛型と呼ばれる原子炉で水蒸気爆発が起こり、大量の放射性物質が広い地域に飛び散りました。原因は実験中の操作ミスが重なったこと。事故が重大だったのに加えて、ソ連の秘密主義が被害をさらに広げました。

初めに気づいたのはスウェーデンのフォルスマルク原子力発電所です。自身の原子炉が正常なのに、敷地内のモニターが異常に高レベルの放射性物質を感知しました。ソ連で重大な事故が起こった疑いが強まりましたが、ソ連当局が事故を認めたのは二日後のことです。周辺住民の避難も遅れました。

ちょうど四月の末だったため、多くの子どもたちが五月一日に行なわれるメーデーのパレードの練習を屋外でしていました。放射性物質が降り注ぐ中で多くの人々が何も知らないまま被曝してしまったことも、当時は秘密にされました。

ソ連国内だけでなくヨーロッパの多くの国々に風によって放射性物質が運ばれ、原発への恐怖心が植えつけられました。

日本でも雨水から放射性物質が確認されました。イタリアから輸入したパスタを調べたところ異常な量の放射能が検出され、欧州産パスタの販売量が激減したこともありました。

チェルノブイリ事故は旧ソ連の運転員や政府の対応がお粗末だったから起きたのであり、原子炉のタイプも違う日本や西側の原発は安全だと政府は主張してきました。しかし、日本でもずさんな作業による事故が起きています。

一九九九年、東海村の燃料加工会社ジェー・シー・オー（ＪＣＯ）の東海事業所で、日本原子力開発史上、初めての犠牲者が出てしまいました。作業マニュアルが守られなかったため臨界事故が発生。作業員二人が亡くなったほか、六五〇人以上が被曝しました。

そして、二〇一一年三月十一日、東京電力福島第一原発です。東日本大震災による巨大な津波により、すべての電源が失われ、高熱を発する燃料棒の冷却ができなくなりました。燃料棒には放射性物質が封じ込められており、使用済みであっても何年も冷却し続けなければなりません。

電源が途絶えたことで冷却に使われていた水が流れなくなり、沸騰して消滅。燃料棒を覆うジルコニウム合金が溶けて、水素が発生しました。この水素が原子炉建屋に充満し、水素爆発を引き起こしました。

原子炉の状態は直接目に見えるわけではないため、常に温度や圧力、水位などの状態をシステムによってモニターしながら運転しなければなりません。しかしすべての電源が失われたため、どこで何が起こっているかもわからない状態に陥ってしまいました。

原子力安全・保安院（当時）は「冷却機能は保たれている」と発表しましたが、実際は何も確認できませんでした。その後、政府は「原子力緊急事態宣言」を発令。周辺住民に避難指示が出されました。

最初に状況が悪化した一号機は一九七一年に運転を開始したＧＥ社製。日本には原子力発電所建設の技術がなかったため、GEの指示通りの建設が進められました。非常用電源の設置にあたって、大きな津波への備えは考慮されていませんでした。アメリカでは大津波はハワイぐらいでしか観測されないからです。

東京電力や原子力安全・保安院は「想定外の地震と津波」が事故を引き起こしたと説明しました。実際には大津波への警戒を訴える声があったにもかかわらず無視されてきました。平安時代、三陸沖で起きた貞観地震で、貞観津波という巨大な津波が起こりました。その知見から、二〇一一年当時の堤防では防げない大津波の可能性を指摘していた研究者がいたのです。

福島第一原発の事故以降、技術的な問題に加えて、原子力発電所政策を担う組織も問題を抱えていたことが明らかになっています。当時、経済産業省の管轄下に資源エネルギー庁があり、原発政策を推進していました。一方、監視・規制する原子力安全・保安院もまた資源エネルギー庁の特別機関でした。つまり、推進する側と規制する側が同じ省庁にあったのです。これらの機関のOBが電力会社や関連団体に天下りし、規制に干渉していた事実も明るみに出ました。癒着と言われても仕方ないほどの行政と電力業界の結びつきは、安全を脅かしかねないほど深く、福島第一原発事故の後も続いているようです。

原子力施設の事故の指標であるＩＮＥＳ（国際原子力・放射線事象評価尺度）によると、福島第一原発の事故はレベル７。チェルノブイリ原発の事故と並ぶ最悪レベルと位置づけられました。

技術立国として定評の高い日本で起きたこの事故は世界に衝撃を与えました。当時のドイツのメルケル首相は事故の四日後に、一九八〇年以前に運転を始めた原発を停止させました。メルケルはもともと物理学者で、原発推進派でした。しかし、日本に事故の対応ができなければ世界中どの国もできるはずがないと考え、脱原発へと舵を切ったのです。

原子力発電所が抱える問題は事故のリスクだけではありません。安全に運転されている場合であっても避けられない問題がまったく解決されていません。使用済み核燃料や「核のゴミ」と呼ばれる高レベル放射性廃棄物の処理問題です。

「トイレなきマンション」のまま再稼働

原子力発電所は正常に運転されていても、強い放射性物質を含む使用済み核燃料を大量に生み出します。その処理が問題になることは、もちろん初めからわかっていましたが、いずれ処理方法が見つかるだろうという楽観的な考えのもとで原発政策は推進されてきました。ゴミ問題を置き去りにしたまま建設・稼働へと突き進んだため、原発は「トイレなきマンション」と呼ばれます。

日本では使用済み核燃料を再処理し、再び核燃料として使用するリサイクルの仕組みが計画されています。使い終わった核燃料から、まだ使えるウラン235やプルトニウム239を取り出し、新たな燃料（ＭＯＸ燃料）に加工して再利用するすることの方式は「プルサーマル」と呼ばれます。

プルサーマルの先進国はフランスです。日本はＭＯＸ燃料の製造をフランスなど海外の工場に委託してきましたが、国内での製造を実現するため、日本原燃が青森県六ヶ所村に再処理工場の建設を進めています。

しかし、本格的な建設が始まった一九九三年以来トラブルが続いています。完成時期はたびたび延期され、二十六回目の延期で完成は二〇二四年度とされました。注ぎ込まれた総事業費は十四兆円を超えています。

一方、一九九四年、福井県敦賀市で高速増殖炉「もんじゅ」が初臨界を達成しました。使用済み燃料から取り出したプルトニウムを再利用して「使った燃料以上の燃料を生み出す」という仕組みから「夢の原子炉」とうたわれましたが、こちらもトラブル続き。事故を隠ぺいしようとしたことでも批判されました。一兆円もの国費が投じられましたが、二〇一六年には廃炉が決まりました。実際に稼働したのは二十二年間でわずか二五〇日にすぎませんでした。

仮に再処理工場が安全に稼働したとしても、汚染された廃液が大量に出ます。これをガラスと混ぜて固めたものが高レベル放射性廃棄物と呼ばれています。いわゆる「核のゴミ」です。

日本全国の原発で再処理されないまま保管されている使用済み核燃料は一万九〇〇〇トンに上ります。六ヶ所村や東海村には大量の高レベル放射性廃棄物が貯蔵されています。

これら「核のゴミ」は地中深くに埋めて最終処分することになっていますが、その場所はまだ決まっていません。

放射性廃棄物の最終処分は、放射能レベルが下がるまで約十万年にわたって人間の生活環境から完全に隔離することを目指しています。地下水に触れて漏れ出すことがないように、ガラスと混ぜて固め、金属製容器で囲い、特殊な粘土で覆って地下三〇〇メートルより深い地中に埋め、強固な岩盤に守ってもらうのです。どんな天変地異が起こっても十万年にわたって揺るがない場所を、この日本列島に見つけることができるのでしょうか？

候補地選びは始まっています。青森県は最終処分場を建設しないことを条件に、使用済み核燃料の中間貯蔵施設の建設を受け入れているため、青森県以外で選定する必要があります。

二〇二〇年、北海道寿都《すっつ》町と神恵内《かもえない》村が処分地の選定に向けた調査に応募しました。選定には三段階の調査があり、それぞれに交付金がついてきます。第一段階の文献調査に応じるだけで単年度最大一〇億円が支給されます。

「トイレなきマンション」の問題を抱えているのは日本だけではありません。世界中で最終処分場の場所が決まっているのはわずか二カ国、フィンランドとスウェーデンのみです。

世界で初めて高レベル放射性廃棄物の最終処分場を決めたのはフィンランドでした。南西部のオルキルオト島に深さ四〇〇～四五〇メートルの穴を掘り、十万年にわたって放射性廃棄物を封じ込めます。非常に強固な地盤を持ち、地下水もほとんど出ません。地震もなく、大きな津波も起きないとされています。このオンカロ最終処分場は二〇二四年の稼働が予定されています。

私はオンカロを訪れ、地元自治体の町長にインタビューしたことがあります。「建設を受け入れたことで、国から補助金が出たのですか?」と尋ねると、補助金などはないと否定し、こう答えました。

「私たちは原子力発電所で発電される電気によって豊かな生活を享受してきました。そのゴミの処理を引き受ける責任があります」

その答えを聞いて、日本の常識で質問してしまったことを恥ずかしく思いました。

街の人にも「使用済み核燃料を埋められて怖くないですか?」と街頭でインタビューしてみました。「怖い」「危険」といった答えはありませんでした。「政府や電力会社が安全だと言っているから信用している」というのです。

その理由は、フィンランドでは情報公開が徹底されているからです。原子力発電に関わる文書も、都合の悪いものも含めてすべてオープンにされています。一切の隠しごとをなくすことで、政府と国民の間に信頼が築かれているのです。

日本との大きな違いを感じざるをえないフィンランドでの取材でした。しかし、政治不信にならざるをえない政府を選択したのは有権者自身であることも自覚しておきたいものです。

おわりに

この本の企画は、二〇二二年の夏、信州大学経法学部での集中講義の様子を覗きにきた祥伝社の沼口裕美さんの提案で始まりました。学生諸君と一緒になって私の講義を聞き、本の構成案を練ったのです。

結果、毎回の講義をそのまま並べるのではなく、大きなテーマごとに再編集することになりました。

また、長田幸康さんは講義記録を元に、さらに私に対する取材を重ねた上で、この本に仕上げてくださいました。感謝しています。

こうやってテーマごとに再編成してみると、結局は「民主主義とは何か」という根本的な問いに帰趨《きすう》します。戦後の日本は、貧しい時代を経て、急激な経済成長を遂げます。しかし、その過程で公害を発生させ、多くの人々の犠牲の上に遂げたものでした。

あるいは、二〇一一年三月に起きた東日本大震災で東京電力福島第一原子力発電所のメルトダウン。いったん事故が起きると、原子力発電所が如何に危険なものに変貌してしまうか、当時の私たちはそれを思い知らされたはずなのに、いつしか原子力発電所の運転再開に舵を切った日本の政治。

そして、いまだに米軍基地を抱える沖縄県。「台湾有事」が語られるいま、沖縄県を、日本の政府はどうしようとしているのか。

結局は、ここでも民主主義とは何かが問われるのです。

池上　彰

主要参考文献

安倍晋三『美しい国へ』文藝春秋
安倍晋三『新しい国へ　美しい国へ　完全版』文藝春秋
菅義偉『政治家の覚悟』文藝春秋
岸田文雄『核兵器のない世界へ　勇気ある平和国家の志』日経ＢＰ
朝日新聞取材班『自壊する官邸　「一強」の落とし穴』朝日新聞出版
朝尾直弘ほか編『岩波講座　日本通史　第20巻』岩波書店
朝日新聞経済部『昭和経済50年』朝日新聞社
飯田経夫ほか『現代日本経済史』筑摩書房
五百旗頭真『占領期　20世紀の日本３』読売新聞社
五百旗頭真『戦争・占領・講和　日本の近代６』中央公論新社
石川真澄『人物戦後政治』岩波書店
井村喜代子『現代日本経済論』有斐閣
内野達郎『戦後日本経済史』講談社
ＮＨＫ取材班『戦後50年その時日本は』シリーズ全六巻　日本放送出版協会
大森実『日本はなぜ戦争に二度負けたか』中央公論新社
金森久雄『わたしの戦後経済史』東洋経済新報社
神田文人『昭和の歴史８　占領と民主主義』小学館
岸宣仁『経済白書物語』文藝春秋
堺憲一『日本経済のドラマ』東洋経済新報社
堺屋太一『時代末』講談社

産経新聞「戦後史開封」取材班編『戦後史開封』シリーズ　扶桑社
柴垣和夫『昭和の歴史9　講和から高度成長へ』小学館
竹内宏『昭和経済史』筑摩書房
鶴見俊輔『戦後日本の大衆文化史』岩波書店
冨森叡児『素顔の宰相』朝日ソノラマ
永原慶二ほか編『大系日本の歴史15　世界の中の日本』小学館
中村隆英『昭和経済史』岩波書店
中村隆英『昭和史』東洋経済新報社
中村隆英『昭和を生きる』東洋経済新報社
日本史教育研究会編『Story 日本の歴史　近現代史編』山川出版社
橋本寿朗『戦後の日本経済』岩波書店
橋本寿朗ほか『現代日本経済』有斐閣
藤原彰編『日本民衆の歴史11　民衆の時代へ』三省堂
藤原彰ほか『新版　日本現代史』大月書店
保阪正康『昭和史がわかる55のポイント』ＰＨＰ研究所
秦郁彦『昭和史の謎を追う』文藝春秋
毎日新聞社編『歴史の現場　20世紀事件史』毎日新聞社
増田弘、土山實男編『日米関係キーワード』有斐閣
八柏龍紀『戦後史を歩く』情況出版
読売新聞社編『20世紀どんな時代だったのか　戦争編3　大戦後の日本と世界』読売新聞社
読売新聞社編『20世紀にっぽん人の記憶』読売新聞社
読売新聞政治部編『権力の中枢が語る自民党の三十年』読売新聞社

立命館大学人文科学研究所編『戦後五〇年をどうみるか』人文書院
蠟山政道『日本の歴史26　よみがえる日本』中央公論新社
伊藤茂『動乱連立』中央公論新社
大下英治『経世会竹下学校』講談社
大嶽秀夫『日本政治の対立軸』中央公論新社
大嶽秀夫編『政界再編の研究』有斐閣
北岡伸一『20世紀の日本1　自民党』読売新聞社
草野厚『連立政権』文藝春秋
楠田實編著『産経新聞政治部秘史』講談社
後藤基夫ほか『戦後保守政治の軌跡』岩波書店
佐々木毅編著『政治改革　1800日の真実』講談社
ジェラルド・L・カーティス　木村千旗訳『日本の政治をどう見るか』日本放送出版協会
鈴木美勝『小沢一郎はなぜTVで殴られたか』文藝春秋
田勢康弘『総理の座』文藝春秋
田中秀征『日本の連立政治』岩波書店
田原総一朗『頭のない鯨』朝日新聞社
早野透『連立攻防物語』朝日新聞社
原彬久『戦後史のなかの日本社会党』中央公論新社
水野均『検証　日本社会党はなぜ敗北したか』並木書房
村山富市談『そうじゃのう…』第三書館
読売新聞政治部『小泉革命　自民党は生き残るか』中央公論新社
朝日新聞東京裁判記者団『東京裁判』朝日新聞社

五十嵐武士、北岡伸一編『東京裁判とは何だったのか』築地書館
小堀桂一郎編『東京裁判　日本の弁明』講談社
ジョン・ダワー　三浦陽一ほか訳『敗北を抱きしめて』岩波書店
竹前栄治『占領と戦後改革』岩波書店
東京裁判研究会『共同研究　パル判決書』講談社
東京裁判ハンドブック編集委員会編『東京裁判ハンドブック』青木書店
冨士信夫『私の見た東京裁判』講談社
細谷千博ほか編『東京裁判を問う』講談社
丸山眞男『現代政治の思想と行動』未來社
岩見隆夫『岸信介』学陽書房
江畑謙介『日本の軍事システム』講談社
江畑謙介『安全保障とは何か』平凡社
草野厚『日米安保とは何か』ＰＨＰ研究所
児島襄『国会突入せよ』読売新聞社
古関彰一『九条と安全保障　日本国憲法・検証　１９４５―２０００　資料と論点５』小学館
佐柄木俊郎『改憲幻想論』朝日新聞社
佐瀬昌盛『集団的自衛権』ＰＨＰ研究所
島成郎『ブント私史』批評社
島川雅史『アメリカの戦争と日米安保体制』社会評論社
杉山隆男『兵士に聞け』新潮社
竹前栄治、岡部史信『憲法制定史　日本国憲法・検証　１９４５―２０００　資料と論点１』小学館
竹前栄治ほか『護憲・改憲史論　日本国憲法・検証　１９４５―２０００　資料と論点７』小学館

寺林峻『吉田茂』学陽書房
童話屋編集部『あたらしい憲法のはなし』童話屋
都留重人『なぜ今、日米安保か』岩波書店
豊下楢彦『安保条約の成立』岩波書店
中曽根康弘・宮澤喜一『憲法大論争改憲vs.護憲』朝日新聞社
西修『日本国憲法はこうして生まれた』中央公論新社
西修『ここがヘンだよ！　日本国憲法』アスキー
フランク・コワルスキー　勝山金次郎訳『日本再軍備』中央公論新社
防衛庁編『平成12年版　防衛白書』大蔵省印刷局
前田哲男『在日米軍基地の収支決算』筑摩書房
毎日新聞西部本社編『三池閉山』葦書房
三上治『１９６０年代論』批評社
『60年安保・三池闘争』毎日新聞社
『教科書・日本国憲法』一橋出版
秋月望、丹羽泉編著『韓国百科』大修館書店
朝日新聞戦後補償問題取材班『戦後補償とは何か』朝日新聞社
石渡延男監訳『わかりやすい韓国の歴史　国定韓国小学校社会科教科書』明石書店
石渡延男監訳『入門韓国の歴史　国定韓国中学校国史教科書』明石書店
海野福寿『韓国併合』岩波書店
大槻健ほか訳『韓国の歴史　国定韓国高等学校歴史教科書』明石書店
神谷丹路『韓国　近い昔の旅』凱風社
姜在彦『日本による朝鮮支配の40年』朝日新聞社

黒田勝弘『韓国人の歴史観』文藝春秋
高崎宗司『検証　日韓会談』岩波書店
高崎宗司『「反日感情」韓国・朝鮮人と日本人』講談社
池明観『韓国　民主化への道』岩波書店
花房孝典『コリアビギナーズブック』情報センター出版局
西尾幹二ほか『市販本　新しい歴史教科書』扶桑社
福岡安則『在日韓国・朝鮮人』中央公論新社
道上尚史『日本外交官、韓国奮闘記』文藝春秋
村上義雄『20世紀を一緒に歩いてみないか』岩波書店
梁泰昊、川瀬俊治『知っていますか？　在日韓国・朝鮮人問題一問一答』解放出版社
尹健次『もっと知ろう朝鮮』岩波書店
朝日新聞社編『沖縄報告　サミット前後』朝日新聞社
阿波根昌鴻『命こそ宝』岩波書店
新崎盛暉『沖縄現代史』岩波書店
新崎盛暉『沖縄・反戦地主』高文研
池田清編『図説　太平洋戦争』河出書房新社
池宮城秀意『戦争と沖縄』岩波書店
上野千鶴子ほか『沖縄的人生』光文社
梅林宏道『情報公開法でとらえた沖縄の米軍』高文研
大田昌秀『沖縄　戦争と平和』朝日新聞社
大田昌秀『沖縄　平和の礎』岩波書店
大田昌秀『沖縄、基地なき島への道標』集英社

沖縄県編『沖縄　苦難の現代史』岩波書店
沖縄タイムス社編『沖縄から　米軍基地問題ドキュメント』朝日新聞社
香川京子『ひめゆりたちの祈り』朝日新聞社
我部政明『沖縄返還とは何だったのか』日本放送出版協会
共同通信写真『20世紀の戦争　沖縄地上戦』草の根出版会
司馬遼太郎『街道をゆく6　沖縄・先島への道』朝日新聞社
高良倉吉『琉球王国』岩波書店
知花昌一『燃える沖縄揺らぐ安保』社会批評社
鳥飼玖美子『歴史をかえた誤訳』新潮社
若泉敬『他策ナカリシヲ信ゼムと欲ス』文藝春秋
石牟礼道子『苦海浄土』講談社
インスタントラーメン発明記念館編『インスタントラーメン発明物語』旭屋出版
猪木武徳ほか『日本の近代7　経済成長の果実』中央公論新社
栗原彬編『証言　水俣病』岩波書店
香西泰『高度成長の時代』日本経済新聞社
是枝裕和『官僚はなぜ死を選んだのか』日本経済新聞社
佐野眞一『カリスマ』新潮社
西村肇、岡本達明『水俣病の科学』日本評論社
橋本道夫『水俣病の悲劇を繰り返さないために』中央法規出版
原田正純『水俣病』岩波書店
原田正純『水俣病は終っていない』岩波書店
坂東克彦『新潟水俣病の三十年』日本放送出版協会

宮本憲一『昭和の歴史10　経済大国』小学館
吉川洋『高度成長　20世紀の日本6』読売新聞社
岩見隆夫『田中角栄』学陽書房
上杉隆『田中眞紀子の恩讐』小学館
児玉隆也『淋しき越山会の女王』岩波書店
佐藤昭子『決定版　私の田中角栄日記』新潮社
佐藤道夫『政官腐敗と東京地検特捜部』小学館
立花隆『ロッキード裁判とその時代1〜4』朝日新聞社
立花隆『田中角栄研究　全記録』講談社
田中眞紀子『時の過ぎゆくままに』ＰＨＰ研究所
藤永幸治『特捜検察の事件簿』講談社
文藝春秋編『立花隆のすべて』文藝春秋
堀田力『壁を破って進め』講談社
水木楊『田中角栄』文藝春秋
朝日新聞経済部編『金融動乱』朝日新聞社
今井彰、首藤圭子『野戦の指揮官・中坊公平』日本放送出版協会
岡田康司『長銀の誤算』扶桑社
岡田康司『されど護送船団は行く』講談社
佐高信『失言恐慌』社会思想社
塩田潮『バブル興亡史』日本経済新聞社
Ｊ・Ｋ・ガルブレイス　鈴木哲太郎訳『バブルの物語』ダイヤモンド社
竹内宏『金融敗戦』ＰＨＰ研究所

立脇和夫『改正日銀法』東洋経済新報社
土志田征一『日本経済の宿題』ダイヤモンド社
中坊公平『罪なくして罰せず』朝日新聞社
中村政則『昭和の歴史2　昭和の恐慌』小学館
日経ビジネス編『真説バブル』日経ＢＰ社
日本経済新聞社編『検証バブル　犯意なき過ち』日本経済新聞社
日本経済新聞社編『金融　破局か再生か』日本経済新聞社
藤井良広『中坊公平の闘い』日本経済新聞社
水野正義『日銀・秘められた「反乱」』時事通信社
森永卓郎『バブルとデフレ』講談社
吉田和男『金融津波』ＰＨＰ研究所
渡辺孝『不良債権はなぜ消えない』日経ＢＰ社
平井美帆『ソ連兵へ差し出された娘たち』集英社
中川保雄『増補　放射線被曝の歴史　アメリカ原爆開発から福島原発事故まで』明石書店
関口裕士『北海道新聞が伝える　核のごみ　考えるヒント』北海道新聞社

カバーデザイン　井上新八
本文デザイン、ＤＴＰ　キャップス
編集協力　長田幸康

池上彰（イケガミ・アキラ）

1950年、長野県松本市生まれ。ジャーナリスト。

慶應義塾大学卒業後、1973年にNHK入局。1994年から11年間「週刊こどもニュース」のお父さん役として活躍。

2005年に独立した後は取材、執筆活動を続けながら、テレビ番組などでニュースをわかりやすく解説し、幅広い人気を得ている。

名城大学教授、東京工業大学特命教授、立教大学客員教授など、現在、11大学で教鞭をとっている。『世界から戦争がなくならない本当の理由』、『もっと深く知りたい！ニュース池上塾』（ともに小社）など著書多数。

池上《いけがみ》 彰《あきら》の日本《にほん》現代史《げんだいし》集中講義《しゅうちゅうこうぎ》

令和5年9月10日　初版第1刷発行

著者　池上《いけがみ》 彰《あきら》
発行者　辻《つじ》 浩明《ひろあき》
発行所　祥伝社《しょうでんしゃ》
〒101-8701　東京都千代田区神田神保町3-3
03-3265-2081（販売部）
03-3265-1084（編集部）
03-3265-3622（業務部）
印刷　堀内印刷
製本　ナショナル製本

ISBN978-4-396-61808-7 C0095

祥伝社のホームページ　www.shodensha.co.jp